QUEM DISSE QUE SERIA FÁCIL?

Renato Prieto

QUEM DISSE QUE SERIA FÁCIL?

O fenômeno que levou a fé espírita aos palcos e às telas

EM DEPOIMENTO A
RODRIGO FONSECA

PREFÁCIOS DE
OTHON BASTOS E
HAROLDO DUTRA DIAS

AGIR

Copyright © 2023 by Renato Prieto

Direitos de edição da obra em língua portuguesa no Brasil adquiridos pela Agir, selo da Editora Nova Fronteira Participações S.A. Todos os direitos reservados. Nenhuma parte desta obra pode ser apropriada e estocada em sistema de banco de dados ou processo similar, em qualquer forma ou meio, seja eletrônico, de fotocópia, gravação etc., sem a permissão do detentor do copirraite.

Editora Nova Fronteira Participações S.A.
Av. Rio Branco, 115 — Salas 1201 a 1205 — Centro — 20040-004
Rio de Janeiro — RJ — Brasil
Tel.: (21) 3882-8200

Todos os esforços foram empreendidos para identificar corretamente a origem das imagens deste livro. Nem sempre foi possível. Teremos prazer em creditar as fontes, caso se manifestem, nas próximas edições.

Dados Internacionais de Catalogação na Publicação (CIP)

P949q   Prieto, Renato

　　　　Quem disse que seria fácil? / Renato Prieto; prefácios de Othon Bastos e Haroldo Dutra Dias. – Rio de Janeiro: Agir, 2023.
　　　　200 p.; 15,5 x 23 cm

　　　　ISBN: 978.65.5837.159-5

　　　　1. Autobiografia. I. Título.

　　　　　　　　　　　　　　　　　　CDD: 793.7
　　　　　　　　　　　　　　　　　　CDU: 793.7

André Queiroz – CRB-4/2242

Conheça outros livros da editora:

Dedico este livro...
a todos que olharam para mim com afeto e viram em mim possibilidades. A todos que me abriram portas. A todos que me fecharam portas, porque me ensinaram como abri-las. A todos que facilitaram a minha vida. A todos que dificultaram a minha vida, porque me fizeram mais forte. A todos que me propuseram desafios que me tornaram maior. A todas as pessoas que, em alguma hora da minha vida, me ajudaram a chegar aonde cheguei.

Eu me curvo humildemente em gratidão a vocês.

Não sei por onde vou,
Não sei para onde vou
Sei que não vou por aí!
José Régio, em "Cântico negro"

Tinha estado à morte, realmente, mas tinha voltado porque não pôde suportar a solidão. [...] desprovido de toda a sua faculdade sobrenatural, como castigo pela sua fidelidade à vida, decidiu se refugiar naquele cantinho de mundo ainda não descoberto.
Gabriel García Márquez, em *Cem anos de solidão*

SUMÁRIO

Recordações da esperança - Othon Bastos   13

De dramas profundos a comédias encantadoras
- Haroldo Dutra Dias   15

Introdução
ou
Um gole de água antecede a jornada   17

O melhor cartão de visitas é um sorriso franco   23

André Luiz e eu   29

O futuro
ou
A introdução do introduzido   32

Cronologias acronológicas   36

História com H   39

Meus pais   41

Contatos imediatos   43

Vida em Vitória   45

Liceu   48

Nome artístico   49

Luzes da ribalta   50

Amores   53

Morte, a indesejada (para alguns, caminho para outros)   55

Viver espiritualizado   58

Coincidências   61

Perrengues do Rio – Parte I 64

Perrengues do Rio – Parte II 68

Fernanda Montenegro 72

Tônia Carrero, a diva 75

Gestualidades de Grotowski 77

Sinhá Moça 81

Experiências do Além 83

Leme, *I Love You* 86

Do outro lado da vida, com mamãe 89

Uma cidade em mutação 93

Cinefilia 95

Liturgia teatral 97

Além de Vannucci 100

Primeira fila 102

Começo na TV Globo 104

Risco é risco 109

Eu nunca precisei testar a minha fé 112

O caminho do campo 115

Espiritismo 118

A.K., D.K.: antes de Kardec, depois de Kardec 120

Sedimentação 121

Lugares exóticos   123

Trapalhadas e histórias de coxia   125

Síndrome do pânico   130

Rituais do teatro   133

Cinemática   135

Novos estudos, eterno aprendizado   137

Na corte d'*O advogado do diabo*   140

Nosso lar, o making of   142

Continuação de *Nosso lar*   144

Wagner de Assis:
um parceiro de crença, um parceiro de sets   147

Evolução   151

"Que nem maré"   154

Fé, palavra e profissão   156

Ideias inovadoras movem o mundo   158

Doação, amor sem retribuição   160

Uma trupe que aprendeu a ser para sempre   164

João-de-barro   167

Mulheres na minha vida   170

Homens na minha vida   174

Considerações finais   177

Apêndice: uma oração   180

RECOR-
DAÇÕES
DA
ESPE-
RANÇA

OTHON BASTOS[1]

Renato, me lembro bem de um espetáculo em que você atuou — e isso já faz muito tempo. Não me lembro do título, mas me recordo bem do silêncio respeitoso da plateia diante do que era falado por você e os demais atores. Tinha uma energia, uma paz, uma alegria e muito amor.

Não era uma aula. Não era uma palestra. Era uma esperança! Lembre-se: "Não há nada mais parecido com Deus do que o silêncio", como dizia o mestre Eckhart de Hochheim (1260-1328).

Na verdade, naquele teatro, parecia que todos os que se encontravam na sua plateia estavam meditando: uma oração silenciosa, plena de fé.

Lembro-me bem de que, saindo do teatro, ouvi uma senhora comentando com sua conhecida: "Estou me sentindo tão bem, tão leve... É de espetáculos assim que precisamos."

No *hall* de entrada do teatro, após o espetáculo, todo elenco ia se despedindo do público como se dissesse: "Somos condutores de energia, desejamos espalhar o bem, a paz e o amor para o próximo."

Tempos depois de ter visto você, Renato querido, no palco, interpretando tão belo espetáculo, tive a alegria de participar como ator, juntamente com você, no filme *Nosso lar*, longa-metragem dirigido por Wagner de Assis e lançado em 2010. Foi um grande encontro!

Nos intervalos de filmagem, falávamos muito sobre a convicção que todo ator deve ter sobre seu caminho escolhido. Você, Renato, mantém-se fiel no seu "caminho escolhido", ou seja: a espiritualidade.

---

[1] Othon Bastos é ator, produtor teatral e astro de cults do cinema brasileiro como *Deus e o Diabo na Terra do Sol* e *São Bernardo*.

DE DRA-MAS PRO-FUNDOS A COMÉDIAS ENCANTA-DORAS

HAROLDO DUTRA DIAS[2]

Renato Prieto, meu amigo talentoso, tem a habilidade em transmitir emoções profundas através de sua expressão facial e linguagem corporal. Sua atuação no filme *Nosso lar* foi simplesmente incrível e cativante. Ele trouxe à vida o personagem André Luiz de uma maneira tão convincente e emocionante que nos fez acreditar em cada momento.

Além de *Nosso lar*, Renato Prieto tem uma carreira repleta de sucessos. Sua versatilidade como ator pode ser observada em diferentes gêneros, desde dramas profundos até comédias encantadoras. Ele é capaz de se adaptar a qualquer papel e sempre entrega performances incríveis.

Acima de tudo, porém, é um amigo fiel, dedicado, generoso e idealista. É um exemplo de profissionalismo e comprometimento, sempre buscando o melhor em cada projeto em que se envolve. Sua ética de trabalho inspira todos ao seu redor. Renato, você é uma inspiração para todos nós.

---

[2] Juiz de Direito em Minas Gerais, palestrante e expositor espírita no Brasil e exterior. Tradutor da obra *Novo Testamento*, editada no Brasil pela FEB (Federação Espírita Brasileira). Autor dos livros *Parábolas de Jesus – Texto e Contexto* e *7 minutos com Emmanuel*.

INTRODUÇÃO OU UM GOLE DE ÁGUA ANTECEDE A JORNADA

Talvez pelo meu ofício de vida, ator, eu devesse começar essa nossa relação, de autor pra leitor, falando de algumas das 15 peças que notabilizaram a minha carreira, de 1982 até hoje, por um viés muito específico para as artes cênicas. Já tinha uma década de estrada, pelos palcos, quando contracenei com Lúcio Mauro e Felipe Carone — dois amigos que já desencarnaram — em *Além da vida*, fenômeno teatral que vendeu cerca de dois milhões de ingressos, desde a estreia, correndo 1982 adentro, e ainda lotando nas temporadas de 1983 e 1984, e em montagens posteriores. Em seguida veio *E a vida continua...*, que chegou aos palcos num momento de inflação difícil no Brasil e, mesmo assim, conseguiu ser contemplado por oitocentos mil espectadores. Eram peças que nos desapegavam da matéria para apontar outro caminho. Uma mensagem que um país saído de uma ditadura de 21 anos, assolado pela chegada da Aids e confrontado com diversas crises financeiras precisava ouvir. Como um afago. O teatro é abraço que abriga e, de espetáculo em espetáculo, fomos acolhendo muita gente. Mas sinto que a maneira mais transparente de a gente se conhecer melhor — ou se reconhecer — não está no meu currículo, e sim numa experiência metafísica que, na cabeça de muitas pessoas, faz de mim uma figura exótica, pelo menos na minha profissão.

Sou sempre associado à minha orientação filosófica. Sou visto como "ator espírita". Falaremos muito sobre isso, em parte por ser o meu dever dissociar as duas coisas, não por mim, mas para os próximos que virão. Pelos próximos. Comigo, tudo bem. Estou acostumado. Não tenho medo de rótulos porque quem define a minha biografia sou eu. Sou eu que vou contar a MINHA história. Nunca deixei ninguém, ao longo da vida, contar a minha história por mim. Vamos sintetizar minha insistência em me cuidar, em zelar por mim, numa frase que é da minha mãe. Ela dizia assim: "Os bons sempre dirão de você o melhor, mesmo que você não mereça. Os ignorantes vão baixar a ripa em você." Quem disse que seria fácil, né, mamãe?

Ela dizia: "É a natureza de cada um. Você não está aqui para mudar a natureza de ninguém. Você está aqui para fazer o que veio fazer." Eu escutei, criei a minha voz e vim aqui fazer teatro. Mas, junto dele, com ele, acreditei que era possível fazer um tipo de caridade única. Aquela em que todos se doam: quem dá e quem recebe. Foi o que a espiritualidade me ensinou. É o que ela me ensina todo dia. Todo o tempo.

Como vivemos em uma sociedade de papéis, em que diplomas são informações relevantes, ponho meus "canudos" na mesa. Cursei o Conservatório Nacional de Teatro (atual Unirio), na década de 1970, egresso de Vitória, onde já havia me arriscado em programas de auditório, como destaque infantil. Estudei um bocado: voz, canto, atuação. Participei de um *workshop* no Rio ministrado pelo polonês Jerzy Grotowski (1933--1999), cuja teoria do "teatro pobre" (ou teatro ritual) põe o trabalho psicofísico dos atores acima de adornos de vestuário ou cenografia. Também no Rio, ingressei numa oficina teatral aplicada pelo ator e cineasta americano Robert Lewis (1909-1997), que lecionou para os diamantes de Hollywood — Marlon Brando e Montgomery Clift— no Actors Studio. A disciplina e a aptidão para o improviso desenvolvidas nas aulas de Grotowski e Lewis me treinaram para enfrentar o que o palco me oferecesse. Nunca saí dele. Aprendi a lidar com dificuldades da indústria do entretenimento. Aprendi, no posto de produtor, que a meia-entrada é melhor do que uma poltrona vazia.

Mas sei que a maneira de garantir que você fique aqui comigo, pelas páginas que virão a seguir — mesmo que você seja um rosto amigo de anos a fio ou alguém que está chegando agora ao meu caminho, para ficar, espero — passa pela sinceridade com que me refira às minhas experiências com o dito "Infinito e Além". Cientificamente, pois Allan Kardec nos municiou não com uma seita, mas sim com uma ciência. Eu poderia até questionar esse caminho e explicar minhas conexões espirituais de uma forma mais racional, mas não formamos vínculos de afeto pela razão. Até passamos por ela. Mas é pelas vias da emoção que qualquer senão cai.

Então, vamos lá...

Eu era ainda bebê quando os espíritos me acionaram pela primeira vez. É o que dizia a minha já citada mãe, Florisbella Magnago. Ela estava grávida de mim, já perto de dar à luz, e meu pai, Benigno, que era alfaiate, estava viajando pelo estado, envolvido numa campanha política. Mamãe acompanhou-o até uma localidade chamada São Rafael, no município de Linhares — um dos poucos lugares do país onde não me apresentei com minhas peças. Nasci ali. Logo após o meu parto, quando eu tinha uns dois ou três meses de vida, meus pais foram para a cidade de Marilândia, onde alugaram uma casa por um tempo. Ali, ainda bem pequenininho, enfrentei um problema de saúde grave. Segundo mamãe, ainda neném, comecei a inchar por reter líquidos. Como era afilhado de um médico, recebi atendimento de pronto, mas não parecia haver solução — tampouco explicação — para o que eu tinha. Os médicos que me atenderam disseram que tinham feito até onde podiam para tentar me salvar. Mamãe foi desenganada acerca do meu futuro. Morte anunciada mesmo! Em seu desespero, com medo de me perder, ela ficava meio que na cabeceira da cama o tempo todo, com uma empregada ajudando-a. Ela tinha medo que eu morresse e não estivesse ali junto de mim. Foi aí que bateram à porta de casa. Só que essa porta ficava diante de uma varanda que era de grade, com o portão fechado à chave. Era uma mulher. Ela se apresentou: "Me chamo Noêmia." A razão de estar ali: um copo d'água. Ela disse que foi até o portão para pedir um copo d'água. Mamãe serviu. Falou para ela ficar à vontade e disse que ia entrar, pois seu filho (no caso, eu) estava muito doente e precisava ficar ao lado do menino. Foi aí que a tal Noêmia disse: "Ele não vai morrer, não. Ele tem muita coisa para fazer por aqui. A missão dele é longa."

Mamãe achou aquilo estranho, mas seguiu ali, escutando, pois a mulher era simpática e educada. Ela nem atinou em perguntar de onde ela era, pois, logo, Noêmia começou a ditar para ela uma receita de ervas para me banhar e me fazer beber. "Se a senhora fizer isso, depois do terceiro ou quarto dia ele vai melhorar." Mamãe questionou: "Mas onde vou arrumar essas ervas?" A mulher acalmou-a: "A senhora não sabe, mas a moça que trabalha aqui sabe onde achar."

Nesse momento, a empregada gritou por mamãe lá do quarto, e esta, voltando-se na direção do chamado, respondeu que já iria. Eis que, quando mamãe se voltou para Noêmia, ela havia desaparecido. Sumido, como num passe de mágica. Mamãe correu para o portão da varanda, que estava trancado. Não havia como aquela mulher ter entrado. Era estranho. Daí, mamãe voltou à sala, pegou a chave, abriu o portão, saiu à rua e perguntou para as pessoas se alguém tinha visto uma mulher sair dali. Ninguém viu. Muito assustada, mamãe voltou para o quarto e relatou todo o fato para sua ajudante, que respondeu: "Não vi mulher nenhuma, mas uma coisa é verdade: eu realmente sei onde encontrar tudo isso aí que ela lhe passou. A senhora fique com o menino que vou atrás."

No estado emocional enervado em que estava, minha mãe não teve cabeça para duvidar. Mandou fazer tudo como a mulher falou, do jeito que foi instruída a fazer. Ela e a empregada fizeram tudo seguindo à risca o que a mulher dissera. Depois do terceiro dia, comecei a expelir os líquidos presos. No primeiro xixi, a casa entrou em festa. Estava acontecendo exatamente tudo o que a tal Noêmia anunciou: eu comecei a desinchar. Estou aqui.

Nos anos que se seguiram, na minha infância, minha mãe por vezes me via no meu quarto conversando e brincando com alguém que mais ninguém via. Aí mamãe perguntava se eu estava conversando com Meu Anjo Bom. Ela achava aquilo normal, mas era, de fato, real para nós dois, que fomos tocados por essa experiência.

Muitos anos depois, eu já estava com vinte e tantos anos, 28 talvez, e havia decidido estudar a doutrina espírita. Eis que, numa reunião, essa mulher, Noêmia, manifestou-se para mim através de um médium de muita credibilidade. Chegou e disse: "Boa noite, Renato. Temos uma história longa." Eu, sem saber do que se tratava, respondi: "É?"

E ela: "Você passou a infância inteira ouvindo a história da sua mãe, da sua tia, com todos contando sobre a minha presença na varanda da sua casa."

De fato, mamãe falava o tempo todo que a moça tinha me ajudado. Já que estávamos ali, eu materialmente e ela espiritualmente, conversamos um pouco. Ela contou que tinha sido destacada para aquela situação. Não perguntei nada, mas queria entender a presença dela.

Sempre quis entender. Noêmia não foi a única presença comigo. No meu trabalho espiritual, fiquei sabendo que um espírito iria me acompanhar dali pra frente. Esse espírito se apresentou: "Meu nome é Haisha." Ele tinha roupa da mais alta casta indiana e falava com firmeza. Noêmia disse: "Eu vinha acompanhando você até agora. Daqui até o final da jornada, ele vai acompanhar você." Não fico ocupando o espaço de ninguém com coisas fúteis.

Haisha passou a aparecer para mim. Um dia, fui pegar um avião para uma viagem de trabalho e uma amiga, a atriz Rosana Penna, me deu um livro de presente. Dentro do livro havia uma foto de um indiano. Essa pessoa da foto se chamava... Haisha. Foi uma surpresa ver que aquele homem na foto era o ser que aparecia para mim e com quem eu conversava.

Vamos combinar aqui: não há problema algum se você duvidar do que estou contando neste livro. Dúvidas são parte do processo de aprendizado. Preciso apenas que você respeite o que falo como MINHA verdade, MINHA história. Pois é assim que as trocas se estabelecem, na escuta.

Obrigado por me escutar. Tenho muito para contar a você.

O MELHOR CARTÃO DE VISITAS É UM SORRISO FRANCO

Educado não é... longe disso... mas essa moda que a gente tem de citar os outros para falar de nós mesmos virou mania, e justamente porque dá certo. Lá em Vitória, onde nasci, minha mãe me dizia para não fazer isso. Mas acho que ela vai me perdoar. Em especial porque vou citar alguém com quem estudei muito e que faz toda a diferença para quem vem do teatro, ou vai para ele. Quero falar do diretor teatral e teórico das artes cênicas Jerzy Marian Grotowski. Ele dizia algo mais um menos assim: "Fazemos um jogo duplo de intelecto e instinto, pensamento e emoção; tentamos dividir-nos artificialmente em corpo e alma. Em nossa busca de liberação, atingimos o caos biológico, pois a criatividade consiste em descobrir o desconhecido."

Estou correndo atrás do desconhecido desde o fim da década de 1960, quando após uma série de experiências em programas de auditório, decidi investir no teatro como meu espaço de criação. Nesse meio-tempo, um chamado que tenho desde criança, quando tive minhas primeiras manifestações mediúnicas com espíritos desencarnados, acabou me levando a fazer peças ligadas à doutrina espírita. Foram muitas. Foram sete milhões de espectadores só no teatro, mais um fenômeno nos cinemas, *Nosso lar*, filme de 2010 que vendeu quatro milhões de ingressos no Brasil e arrecadou cerca de US$ 21 milhões pelo mundo. Este livro saiu do prelo pouco antes de *Nosso lar 2: os mensageiros* ter estreado. Estimava-se que ele iria bem. Que tenha ido... Tudo que persevera é bom para o mundo. Perseverar me faz bem.

Vim aqui, nestas páginas que estão agora nas suas mãos, para contar como é que fiz isso tudo para você e para mim mesmo, que nem sempre entendo como fiz e faço tanta coisa, diante de tantas adversidades que plantam pelo nosso caminho. Por isso, este livro tem uma pergunta como título. Todas as vezes em que pensei em contar a história da minha vida para as pessoas, lembrava dessa pergunta recorrente — quem disse que seria fácil? — que marca meu dia a dia de cabo a rabo, desde garotinho, lá no Espírito Santo, até a decisão de me jogar no mundo como ator e trocando meu nome de batismo — Carlos Renato Vettorazzi — para Renato Prieto.

Já lotei muita casa de espetáculo, muito teatro, muita lona cultural, muitas salas de exibição. E o fiz, na maior parte das vezes, falando para as pessoas que existe um mundo para além, muito além deste que a gente conhece. Talvez por isso eu já tenha sido chamado de "O Popstar do Sobrenatural". Talvez por isso as pessoas adorem me rotular. O rótulo mais comum é o de "ator espírita". Nunca vi chamarem alguém de "ator do candomblé" ou "ator evangélico". Talvez porque essas sejam escolhas filosóficas de cada um, que diz respeito ao interior e ao inconsciente de cada pessoa. Mas, comigo não. Comigo é rótulo. Quem disse que seria fácil?

Fiquei pensando em uma pergunta que um amigo me fez acerca dessa rotulação: "Se você tivesse que se apresentar para um alienígena, como o faria?"

Eu diria o meu nome, meu CPF e a minha profissão, no caso, ator, ponto. A minha escolha filosófica, o Espiritismo, só é colocada na mesa quando a outra pessoa me pergunta a respeito disso. É importante andar por todos os lugares pelos quais ando, como artista, sem que seja necessário falar da minha escolha como se fosse um título e não uma escolha de fé. Se alguém perguntar a minha escolha filosófica digo que sou espírita. Mas, se ninguém pergunta, não falo. Não ando com um emblema na testa. Prefiro dizer que sou uma parede de quarenta metros de espessura, com um ponto minúsculo lá no alto que alguém pergunta do que se trata. Um ponto de dissonância com a aparente harmonia do coletivo da vida. Sou a água que minou a parede inteira na luta para deixar minha arte acontecer. Já enraizei. Peguei uma frase que ouvi no rádio como um guia para minha vida: "Da nascente, o rio atinge o seu objetivo que é chegar ao oceano, porque ele aprendeu, inteligentemente, a contornar os obstáculos." Vou olhando à frente quais são os obstáculos. Aprendi a contornar a maior parte deles, mesmo quando se tratava de um doloroso "Não!".

Sempre que via que não entraria pela porta da frente, entrava com dignidade pela porta dos fundos ou de serviço. Isso não fazia diferença. A diferença era estar lá dentro.

Tem uma frase de um autor de teatro e escritor francês, Jean Anouilh, que diz assim: "Existe o amor, é claro; e existe a vida, sua inimiga."

Não diria que a inimiga do amor que a gente sente por este mundo seja a vida em si, mas sim as pessoas que se apegam às coisas pequenas. Aprendi com a espiritualidade a me apegar às coisas grandes. Todas as vezes que pergunto algo para os espíritos, não pergunto nada que seja para o meu bel-prazer, nada que seja para a minha fruição pessoal. Tudo que pergunto é coletivo. Se chego a um local para descansar, tendo uma companhia ao meu lado, e encontro dois ambientes, sendo um deles melhor do que o outro, cedo o melhor para quem estiver comigo. O bem do outro é o nosso bem, sempre. Caridade e companheirismo é tudo. Tanto é que, em minhas conversas com o Mundo dos Espíritos, nunca foi negada uma resposta para mim, quando ela não era de cunho individual. Faço teatro para que minhas peças se convertam sim em sucessos, mas que esse sucesso se reverta, parcialmente, em doações para as pessoas. Se isso é ser um "ator espírita", tudo bem, eu sou. Mas Chico Xavier me ensinou que rótulos são como a fumaça de um café recém-passado: somem ao vento quando a vida esfria.

Tem uma historinha do Chico que gosto de repetir. Ele gostava muito de usar superlativos e adjetivos pomposos para descrever as pessoas. Tipo "a ilustríssima dona Zezé" ou "o distinto e polido juiz dr. Nicolau". Ele ria que se acabava com o fato de as pessoas se apegarem a esses títulos. Bom, a história é mais ou menos assim...

Um distinto escrivão da comarca de Juiz de Fora, ilustre seu Nonô, com quem eu gosto muito de prosear, uma época, quando mais moço, passou por dificuldades. Ele ainda não era concursado e ganhava a vida mascateando por aí. E ganhava mal. Muito mal. Ele era representante de uma empresa que vendia artigos de armarinhos e ganhava a estrada com um fusquinha que adorava dar defeito. Mesmo ganhando uma merreca, ele mantinha seu bom humor e era dado a umas piadinhas de que ninguém, exceto ele, achava graça. Às vezes eu ia comer um bolinho de fubá com ele e ouvia uns gracejos assim: "Qual é o animal que come com o rabo?", perguntava seu Nonô. E eu dizia: "O animal que come com o rabo? Não faço ideia." E ele: "Todos. Porque nenhum animal tem de tirar o rabo pra comer." O pior é que ele, antes de terminar, já caía na gargalhada. Enfim, antes se rir com o riso do que chorar com o pranto. No bate-perna da vida, um dia sua noiva se cansou daquela rotina louca dele e resolveu largá-lo. Os cobradores, pelo contrário, resolveram cercá-lo para lhe cobrar o valor da mercadoria que ele deveria vender, mas não conseguia passar adiante. Eis que ele tinha um cliente em potencial, pessoa imponente, para visitar, e cantou pneu, a fim de chegar à casa do homem na hora. No caminho, viu uma moça, lá pelos seus trinta e poucos anos, grávida, com um barrigão, pedindo carona. Pelo que seu relógio marcava, ele não deveria parar para ajudar a tal senhora. Mas o relógio de seu coração tinha ponteiro diferente. Ele abriu a porta, acudiu a mulher e deixou-a, em segurança, num posto de saúde na beira da estrada. Era uma mulher bem-vestida, com a cara luminosa das grávidas. Dizia ter tido um problema com a amiga que lhe deu uma carona e estava perdida ali. Nonô escutou a história dela sem fazer muitas perguntas. E, depois de tê-la deixado, seguiu adiante, apressado, tentando compensar o tempo que acreditava ter perdido. Mas o pneu do fusca resolveu furar. Ele desceu do carro e foi trocar. Eis que não tinha estepe. O que fez? Gritou, esperneou, chutou sua caranga velha e disse, bravo, apontando pro Céu: "Senhor... onde estás? Você não existe! Está vendo o meu sofrimento e não faz nada. Você não existe!" Desesperado, Nonô largou o carro ali e foi andando, quase uma hora e meia, até chegar na casa do suposto cliente. Caminhou a estrada toda praguejando contra Deus, dizendo que não chegaria no prazo e perderia a venda. No que chegou e viu o homem fechando sua loja, Nonô começou a chorar, desesperado, pois contava com aquele negócio para pagar suas contas. Sabia que o cavalheiro não ia atendê-lo. Foi aí que sentiu um toque de mão em suas costas. Era a mão daquela moça grávida, aquela a quem ajudou, mesmo estando atrasado, que olhou pra ele e disse: "Oi... o senhor de novo! O meu pai é o dono dessa loja. Contei pra ele que o senhor me ajudou mais cedo. O que o senhor deseja aqui? Veio falar com ele? Se veio, não se importe com as portas fechadas. Para quem faz o bem, as portas sempre se abrem." Ao entrar, Nonô, emocionado, perguntou à moça: "Qual é mesmo a sua graça." E ela: "Eu me chamo Aparecida. E esse aqui na minha barriga tem nome. Ele vai se chamar Jesus." (Pausa) Nonô pensou naquele minuto no tempo que gastou odiando Deus. E no quanto esse ódio não fez nada por ele, que não retardou seus passos, ralentou seu caminho. Foi o Bem, de coração limpo, que o fez avançar.

Se estou aqui hoje, neste livro, é para conversar com vocês, de coração aberto, sobre a missão que virou minha vida. Não, não é pregar o Evangelho Segundo os Espíritos, não. Calma. Este não é um livro religioso, nem de autoajuda. É apenas a história de uma pessoa que não quis se acomodar, que ouviu o Céu, a Terra, e a turma que desencarnou pra viver com "V" maiúsculo. Fácil não foi. E quem disse que seria fácil, não é? Mas, se você está aqui, é porque deve, como eu, ser daqueles que não desistem. Vem comigo que, pelo caminho, te mostro como fiz e faço.

Mas agora vou mostrar as referências que me constituíram como indivíduo e já, já mostro como ME fizeram.

ANDRÉ LUIZ E EU

Pode não ser o seu caso, mas tenho certeza de que muita gente veio a este meu livro curiosa pra saber do André Luiz, espírito narrado por Chico Xavier em sua obra. Não reprovo. Talvez eu fizesse a mesma coisa. Desde que você consiga me enxergar para além dessa figura grandiosa, a quem interpretei no filme *Nosso lar*, está tudo bem.

A primeira vez que ouvi falar em André Luiz foi quando li o primeiro livro psicografado por Chico Xavier, *E a vida continua*. Foi então que fiquei de frente para ele, ainda que apenas no plano da palavra. Durante a leitura, disse a mim mesmo que, em algum momento, adaptaria aquele livro para o teatro. Precisava fazê-lo. Por ser uma das primeiras narrativas metafísicas que li e por ter me impactado tanto a vida, senti que em algum momento encenaria aquela história. Só depois fiquei sabendo que André Luiz ditou vários livros psicografados pelo Chico Xavier.

Tive a curiosidade de conhecer todo esse material. São 13 livros, escritos ao longo de 25 anos. Li todas as narrativas que ele tinha ditado. Com isso fiquei sabendo que ele era médico e as informações essenciais sobre sua personalidade estão todas em *Nosso lar*. Esse é um livro que também pensei em fazer no teatro em algum momento. E fiz...

Já ouvi muitas especulações acerca de quem teria sido André Luiz, mas nunca me preocupei em saber quem ele foi na vida material. A mim interessava que ele era o André Luiz, ponto. O que acrescentava de novo era o conteúdo trazido por ele em suas histórias. Quando Augusto César Vannucci — grande diretor de teatro e TV, de quem vamos falar muito neste livro — chamou-me para encenar o espetáculo *Além da vida*, minha conexão com André Luiz ficou ainda mais forte.

Aprendi a respeitá-lo por sua história, fiquei conhecendo sua relação com Chico Xavier, conheci as histórias que iluminam a literatura espírita. Aprendi a respeitar a pessoa que ele se tornou e não me preocupei com quem ele foi.

Não tenho a menor dúvida de que ele é o personagem mais conhecido da doutrina espírita. Diria até que, de todas as forças espirituais que mais têm reconhecimento nos estudos da doutrina, André Luiz é quem mais se popularizou. O que mais se ouve por aí é que há grupos estudando as obras ditadas por ele.

Acho que André Luiz despontou como um farol de luz dentro da modernidade. Ele contou sua história dentro de um século, contextualizando o que se passou ali. Acho que o maior legado que trouxe — além de todo o conteúdo, as histórias e os ensinamentos que estão implícitos nos textos — foi descortinar muita coisa que lá atrás foi apontada por Kardec, mas que ele foi a fundo. Ele realmente jogou na mão da população quilos e quilos de informações de suma importância, o que nos aproximou muito mais do plano espiritual de onde viemos.

Já falei com André Luiz uma vez... Foi um encontro silencioso uma vez que pedi para estar onde ele estivesse, a fim de observar seu comportamento. Isso aconteceu assim que começamos a adaptar para os palcos a obra dos livros que ele ditou. Pedi para ficar apenas na arquibancada, pois queria apenas observar para ver o jeito dele.

Uma segunda vez, quando quis encontrá-lo, perguntei textualmente se podia fazê-lo. Fui capitaneado por dois amigos meus que já haviam desencarnado e que me levaram a esse encontro. Perguntei o que ele achava das pessoas nos dias atuais. Eu via o André Luiz muito próximo da representação que está no filme.

Ele foi muito simpático comigo e disse que, mesmo estando muito distante do que ele tinha vivido, achava importante que mais pessoas conhecessem sua história. Quanto mais o conhecessem, mais pessoas poderiam se beneficiar do conhecimento que ele experimentou e do que ele compartilhou.

O FUTURO OU A INTRODUÇÃO DO INTRODUZIDO

Único Nobel da língua portuguesa até o início dos anos 20 do século XI, José Saramago, foi bem feliz ao dizer: "Não tenhamos pressa, mas não percamos tempo." Em seu *Ensaio sobre a cegueira*, ele diz "Dentro de nós há uma coisa que não tem nome, essa coisa é o que somos." Fiquei pensando nessa frase quando esbocei este livro e vou te pedir pra se deter um tiquinho numa reflexão que vai nos guiar daqui em diante. Não é autoajuda não, mas sempre tento pensar na arte como um espaço de conforto. Como você já leu, eu faço arte. Vivo dela. Por algum motivo, talvez você devesse estar lendo a história da minha vida como um livro de teatro. Mas tenho a sensação de que podemos ser mais do que as coisas que fazemos, por maior que seja o teatro. Por isso, vou te avisando dentro desse título — "Quem disse que seria fácil?" —, você vai ler histórias que sempre mostram como superar e ultrapassar dificuldades e de que maneira você não deve recuar ou desistir.

Há uma história que conto muito para as pessoas. Pergunto assim: "Você já subiu alguma vez em uma colina ou em uma montanha e viu como é uma nascente?" Você chega lá e é um veio de água borbulhando e formando um pequeno lago. Esse pequeno lago sai dali, começa a descer e encontra um obstáculo pela frente, uma árvore, por exemplo. Ele dá um jeito e passa, continua descendo mais um pouco. Existem pedras. Ele faz curvas e continua descendo. No meio do caminho ele vai ajudar a natureza a florescer, vai irrigar, saciar a sede e contribuir de várias formas com muitas pessoas. Seu objetivo é sempre o mesmo: ele precisa chegar ao oceano. E vai chegar, porque desde que era apenas um pequeno veio de água borbulhando decidiu que, não importava o obstáculo, ele chegaria ao oceano e cumpriria sua missão.

Se você pensar bem, o rio atinge seus objetivos por aprender a contornar o obstáculo. A vida é assim, aprender de forma inteligente a contornar os obstáculos.

Outra coisa que digo muito é que em momentos de dificuldade, seja ela qual for, vence quem tem sabedoria. Você precisa ter sabedoria para parar, observar, mapear e daí começar a tomar suas atitudes sem ser de forma impensada para não pagar o preço depois.

Em um mundo com tanta diversidade, você ouve as pessoas dizerem que fulano não vale nada e enumera os defeitos. No entanto, ele conseguiu e eu não consegui. Fulano é um déspota e tirano e veja o que ele já comprou e o que conseguiu de dinheiro e Deus sabe como ele conseguiu isso.

O tempo que você passa observando o que o outro está conquistando, você perde em ir atrás de suas próprias conquistas. Tudo o que essas outras pessoas conquistaram com um comportamento absurdamente deplorável, você pode conquistar, e de forma muito mais íntegra e honesta, fazendo como um rio contornando obstáculos para atingir o oceano. Não existe ninguém na face da Terra que possa te impedir de conseguir o que você determinou que vai conseguir.

Em contrapartida, essas pessoas acabam sendo grandes professores. Elas ensinam como não fazer as coisas e a maneira com que não se deve agir. Isso faz com que nos tornemos melhores e consigamos construir uma vida melhor. Uma pessoa que faz uma vida dentro desses parâmetros de integridade, entendimento, compartilhamento, não tem do que se envergonhar, porque tudo dela é muito correto. Ninguém aponta o dedo na rua para ela; quando aponta, o gesto vem acompanhado de lindos predicados e ainda de recomendações para que ela tome cuidado com outras pessoas.

Pare de se preocupar com o outro. Peça a Deus que abençoe essa pessoa e que ela pare de fazer as coisas que está fazendo. E vá fazendo a sua parte.

Em todos os lugares há pessoas oportunistas. Se essas pessoas vierem na sua direção, aconselho que você faça o que eu sempre fiz. No momento que elas se aproximarem, chamo-as em particular e digo: "Olha, todo mundo diz como você é e age, todo mundo aqui tem provas de sobra de como você se comporta e como usa o poder que tem. Não tenho medo de nada disso, no meu livre-arbítrio mando eu e a minha história quem conta sou eu e não autorizo você a agir comigo da maneira com que age com as pessoas. Se elas autorizam, é uma escolha delas. O meu direito você não pode invadir, quero que me respeite e não faça mais isso que tentou fazer."

Posso garantir que essas pessoas nunca avançaram o sinal. Não autorize, não tenha medo de que possa ser rechaçado se tomar uma atitude. É preciso uma atitude concreta, pensada e inteligente. Na vida, todos somos vencedores e podemos ser das melhores formas que podemos encontrar no planeta.

Todas as vezes que preciso tomar uma decisão muito grande, penso: "Minha mãe terá orgulho ou vergonha de mim com essa decisão/escolha?" Posso garantir que cada um consegue, sim, construir sua história, consegue, sim, falar e trazer o seu trabalho à tona, mostrar a que veio neste planeta. Para isso, vai encontrar um número imenso de pessoas em todos os lugares. O Morgan Freeman fala uma coisa a respeito disso de que gosto bastante: "Quando você brilhar muito em um lugar, ajude os outros a também chegarem naquele mesmo espaço que você está ocupando. Quanto mais gente estiver brilhando na profissão, melhor será para todos." Não existe a palavra EU, o que existe é a palavra NÓS. Sem esta, não chegamos a lugar nenhum.

Uma vez, eu estava em temporada em um teatro e minha administradora falou que ninguém estava querendo determinadas datas do mês Y, porque eram três feriados prolongados. Só sobrava um fim de semana. Pedi a ela para ir cuidando das outras coisas, que daquele mês eu cuidava. Liguei para o diretor de um teatro e perguntei se ele me dava uma pauta me cobrando apenas um percentual fixo e os meus técnicos trabalhando sem salário. Liguei para meu amigo e produtor Jorge Correa para me hospedar na sua casa e ele disse que o faria com todo prazer. Liguei para outro amigo — André Braz, do Califórnia Burger — e perguntei se todos da equipe poderiam se alimentar de graça no restaurante dele e ele aceitou. Em um mês que tinha todas as dificuldades aparentes para não conseguir um resultado, consegui duas rádios e duas televisões para ajudar na divulgação. Liguei para outra amiga que contribuiu na produção. Meu querido colega Paulo Paixão topou ajudar na divulgação, fazendo corpo a corpo. Resultado, passei o mês inteiro com o teatro lotado. A primeira vez que ouvi que seria difícil, podia ter me acomodado e esperado para ver o que ia acontecer. Peguei aquela adversidade e transformei em um resultado fabuloso. Não aceitei a situação. Só lutei pelo nosso espaço sem a menor dúvida de que, com o trabalho em conjunto e alegria, o resultado seria fabuloso.

Não aceite de ninguém que você não vai conseguir. Não se preocupe com maneiras ou formas que não pareçam plausíveis. Tudo termina no cemitério mais próximo da sua cidade. Você terá uma família que vai aplaudir, um público e colegas de trabalho que vão te respeitar. A quantidade de gente que vai te estender a mão é muito superior ao dos que vão tentar te atrapalhar na jornada.

Bora seguir com a nossa...

CRONOLOGIAS ACRONOLÓGICAS

Não me venha cobrar datas, pois sou péssimo nelas. Mas achei prudente dar um resumão de tudo, ou de quase tudo que fiz no teatro, para você ter uma ideia do que aprontei como ator.

Logo no começo da minha carreira fiz *A farsa*, de Molière, no Teatro Glauce Rocha. Ali as pessoas passaram a me conhecer. Alguém me assistiu nessa peça e me convidou para fazer *O demorado adeus*, de Tennessee Williams. Depois alguém me viu e me convidou para fazer um espetáculo infantil, *Esse mundo é um arco-íris*, de Hugo Sala, e em seguida fui chamado para participar de uma comédia, que foi encenada em cada teatro da prefeitura do Rio de Janeiro.

Depois dessa peça fiz um teste e entrei na peça *Vivaldino, criado de dois patrões*, uma adaptação de Millôr Fernandes para um texto de Carlo Goldoni, sob a direção do Zé Renato, com Grande Otelo no elenco. Era no Teatro Casa Grande. Nesse espetáculo fui visto pela Tônia Carrero, que me convidou para fazer *Doce pássaro da juventude*, de Tennessee Williams. Quando esse espetáculo acabou, tinha outro fazendo sucesso chamado *Aproveite o bagaço antes da liquidação*, de João Carlos Rodrigues. Era o início do teatro besteirol e fui chamado para ele.

Depois do espetáculo da Tônia fiz *O homem em pó*, no Teatro Opinião, que era do João Carlos Rodrigues e Carlos Eduardo Novaes, e *Fando e Lis*, do Fernando Arrabal. Depois que fiz a peça no Teatro

Opinião viajei para várias capitais. Voltei ao Rio e entrei no espetáculo *Além da vida.*

Depois de *Além da vida*, fiz *Um olhar para a eternidade*, no Teatro Imprensa, São Paulo, e Teatro dos Quatro, Rio de Janeiro. Depois veio *E a vida continua*, no Teatro Vannucci, Rio, e em quase todo o Brasil. Em seguida *O semeador de estrelas*, em vários teatros do Rio e em diversas capitais do Brasil. *Vidas passadas*, no Teatro Vanucci e em outras salas de espetáculos do Rio de Janeiro e do Brasil.

Depois fiz *Quem é morto sempre aparece* no Teatro Princesa Isabel, no Teatro Vannucci e em mais uma série de teatros do Brasil inteiro. Vi que tinha dado certo trabalhar com humor e fiz *A morte é uma piada*. Em seguida fiz *Encontros impossíveis* em tudo que foi teatro do Rio e do Brasil inteiro. Depois fiz *A morte é uma piada 2* e *Chico Xavier em pessoa*.

Durante esse período, dirigi inúmeros shows do Projeto Pixinguinha, do Seis e Meia, e dirigi vários espetáculos com outros amigos meus. *Confissões de uma gordinha*, xpto, shows da sala Funarte, vários espetáculos em São Paulo. Os meus colegas começaram a me chamar para ajudá-los no roteiro, em cena ou para dirigi-los no espetáculo.

Estava no ar na TV Globo com o *Humor livre*, que passava antes do *Fantástico*. Fui fazer um teste para ser protagonista de um *Caso verdade* chamado "Contrato de Risco", iria protagonizar com a Elizângela. A crítica falou coisas boas desse *Caso verdade*, novelinha que durava uma semana. Estava chegando à TV Globo para receber o meu cachê e encontrei na porta do prédio o Reynaldo Boury. Ele falou: "Muito bem. Nossa novelinha foi um sucesso e muitos elogios ao seu trabalho." Perguntei se ele iria fazer uma novela e ele disse que sim e que teria um trabalho para mim. Logo em seguida soube que eu estava no elenco da novela *Sinhá Moça*.

Ele entregava a lista com o nome do personagem e do ator do lado. Quem batia essa lista era a secretaria dele, Alice, minha amiga a vida inteira que já desencarnou. Ela dizia mandar a lista para cima e descia com vários nomes riscados, inclusive o meu. Ela passou para o Boury e ele mandou manter o nome do Renato. Isso aconteceu outra vez. Chegou uma hora que a lista voltou e o meu nome não estava mais cortado.

Eu tinha virado matéria em todos os jornais e revistas do Rio. Eles me chamaram para acertar o salário e me ofereceram um muito mediano. Imaginei que iriam me oferecer um maior devido ao sucesso do *Caso verdade*. O Reynaldo interferiu e eles aumentaram um pouco. O telefone tocou e perguntaram se eu estava disponível para gravar umas cenas da novela em um trem. Disse que sim e fui. Gravei entrando e saindo do trem, sentando-me na cadeira.

Voltei ao Rio e alguém falou que ainda precisava acertar o salário, então fui à emissora e pensei que tinha um trunfo a meu favor, por já ter gravado 13 capítulos de entra e sai. O cara me ofereceu o mesmo dinheiro, pedi um pouco mais e ele disse que não seria possível. Então, disse que gravaria algumas cenas. Ele ficou branco e colocou a mão na cabeça e o resultado é que recebi durante a novela inteira o salário que queria, um muito bom para a época. A novela foi vendida para vários países e o Reynaldo e o Jayme Monjardim (também diretor) foram muito generosos comigo.

Virei matéria o tempo todo em revistas e jornais especializados. A novela me levou a um sucesso muito grande. Antes de acabar o contrato, tinha recebido um convite para fazer um personagem na Manchete.

De emissora em emissora, de palco em palco, de filme em filme, fui me tornando artista. A franquia *Nosso lar*, iniciada em 2010 e continuada agora em 2023, fez com que eu virasse um astro internacional no audiovisual.

Mas acho importante você conhecer a pessoa por trás da *persona*.

Vamos dar um salto no tempo, brincar de Marty McFly em *De volta para o futuro* e viajar para o pretérito perfeito (por vezes imperfeito) do que vivi, da infância à adolescência. Mas, antes disso, tem uma historinha sobre a gênese da minha família que demarca a minha "autogeografia".

HISTÓRIA COM H

No período da Primeira Guerra, meus avós paternos e maternos — todos da Itália — vieram naquela leva de milhares de imigrantes europeus que tentavam a sorte no Brasil. Entende-se que eles não se esbarraram nesse navio. Chegando ao porto de Santos, eles pegaram outro navio, agora em direção ao porto de Vitória. Lá no Espírito Santo, foram mandados para lugares diferentes. Uma parte foi para o sul do estado e outra para o norte. Eles começaram a construir suas famílias sem conhecimento um do outro. Conta-se que mamãe, muito jovem, era muito bonita e despertava olhares apaixonados. Meus avós maternos eram fazendeiros. Mamãe se apaixonou por um capataz que trabalhava na fazenda vizinha à do vovô. Os donos dessa fazenda apoiavam o romance, mas vovó, não. Ela veio do Velho Mundo carregada com um (lamentável) ranço racista. Ao ver que o capataz era um homem negro, a intolerância falou mais alto do que o seu coração.

Pegaram meu tio mais velho e ordenaram que ele levasse minha mãe para o norte do estado. Essa região norte do Espírito Santo tinha sido, justamente, a região para onde a minha família paterna se dirigiu. E lá essa família paterna também trabalhava com fazendas. Mamãe partiu de sua casa arrasada por perder aquele que considerava, à época de sua mocidade, o grande amor de sua vida. Mesmo contrariada, ela era obediente e aceitou ser levada para a casa de um parente que morava bem perto de onde a família de papai estava. Era o destino brincando, aprontando das suas. Mamãe deveria ter uns 18 anos. Era de uma beleza em flor. Ela falava português com perfeição, mas entendia bem italiano.

Nessa sua nova morada, andando pelos arredores, ela conheceu Benigno, um bonitão muito trabalhador que ganhou seu coração. Os pais dele, meus avôs, estavam naquele tal navio.

Papai era galante e cavalheiro, impressionando mamãe com seus modos carinhosos. Eles começaram a namorar, com o consentimento das famílias, e logo marcaram o casamento. Todos os familiares da noiva vieram para o casamento, que foi uma grande festa.

Aí começa a saga dos filhos. Florisbella e Benigno tiveram Ademir (que morreu com um ano, de crupe), Dora, Vanderli, eu, Ana Carlete, Marinete, Silvander, Bernardete e Alessandro.

MEUS PAIS

Minha mãe era uma pessoa comunicativa e alguns de nós puxamos isso dela. Papai era um homem silencioso, era alguém que tinha pouco porque dava muito. Vinha da rua com o dinheiro de alguma coisa, mas tinha dado esse dinheiro para alguém que estava precisando. Tinha uma simplicidade franciscana, mas era um homem que fazia uma pergunta e você respondia, passava dez minutos de silêncio e ele respondia: "Bom, muito bom, que bom que as coisas estão indo bem." Era um homem de conversas monossilábicas. Enquanto mamãe falava, papai era observador.

Ele tinha um respeito fantástico por ela. Para qualquer assunto que fôssemos tratar com papai, ele perguntava se a gente já tinha falado com ela. Era incrível como ele respeitava a figura feminina.

Tanto papai quanto mamãe eram isentos de qualquer tipo de preconceito, ao contrário do que se deu com minha avó materna. Isso não existia naquela casa. Não se aprovava esse tipo de comportamento. Há uma lembrança muito humilde, mas que marca a memória de todos os filhos.

Quando papai ia comer, gostava que o feijão estivesse sempre fervendo. Ele colocava no fundo de um prato uma ou duas colheres de farinha e jogava o feijão por cima. Depois ia mexendo até formar uma pasta e só então começava a comer. Todos nós gostávamos de dar uma colherada naquele prato. Cada um de nós dava uma garfada ali.

Até hoje quando vamos comer um feijão com farinha a gente se lembra de como ele fazia. Nunca vi meu pai reclamando de nada. Nunca vi meu pai falando mal de ninguém.

Há uma lembrança que só talvez eu tenha. Era das escolhas políticas dele que deveriam ser, aos olhos de hoje, bem comunistas. As pessoas iam lá em casa se consultar para uma escolha política e ele falava de maneira bem baixa. Aos olhos de hoje, ele estaria à esquerda da esquerda da esquerda. Eu me lembro de ele arrastar as pessoas para conversar em um canto, para não ser taxado de comunista.

Tenho duas imagens que guardo até hoje. Mamãe sempre arrumada, muito elegante. Ela jamais recebia as pessoas de qualquer jeito. Era sempre generosa e muito acolhedora.

Quando chegava, papai dava um tapinha no ombro dela dizendo: "Mulher, mulher, mulher." Dizia isso em um tom de "como você me encanta". Os cabelos de mamãe eram mais castanhos e os de papai tendiam para o preto.

Quando os dois se arrumavam para ir a algum evento, era uma elegância só. Eu me sentava no patamar da varanda, de onde se via até o final da rua, para acompanhar com os olhos a saída sempre triunfal do casal. Mamãe saía do quarto impecável e papai logo depois. Era algum compromisso a que iriam juntos. Olhava para os dois na varanda, eles se davam os braços, atravessavam o jardim e com muito orgulho eu ficava lá, até eles sumirem com muita elegância. Achava muito bonito isso neles como casal. Nunca presenciei uma discussão entre os dois, não tenho na memória afetiva.

Meu pai chegou a ir ao teatro me ver, nas primeiras peças que fiz em Vitória. Chegou a me ver na televisão também. Você sentia que na cara dele estava escrito: orgulho. De todas as matérias que saíam sobre mim, mamãe conseguia uma cópia. Ela colocava em uma pasta que ficava na mesa da sala, aberta para as pessoas perguntarem quem era. Ela respondia: "Meu filho, Renato Prieto, não te contei que ele é artista?" Os dois tinham muito orgulho. Ele assistiu à novela, ao *Humor livre* também. O olhar deles aplaudia, você via aplausos no rosto deles.

CONTATOS IMEDIATOS

Em uma das experiências de contato espiritual ainda garoto, quando não tinha uma relação de estudos com a doutrina, eu aparecia do lado de fora de casa, mesmo com tudo trancado. Na casa onde eu vivia, mamãe trancava a porta da frente e deixava a chave no alto, para evitar que alguma das crianças mexesse. Um dia, ela percebeu que acordei fora da casa, sentado na escada, admirando o jardim. Despertei do nada e levei um susto. Mamãe foi abrir a porta e percebeu que ela estava trancada à chave. Não dava para saber por onde foi que saí, nem como. Quando percebi que as portas estavam trancadas, fiquei bem nervoso. Bati, gritei. Mamãe abriu super assustada, tirou a chave do alto e não entendeu o que se passou. Nem eu, até hoje.

Tecnicamente falando, quando penso no que passei quando era criança, acho que os espíritos abriram a porta, eu saí e eles voltaram a trancá-la. Acredito que a história ali era uma tentativa do Além para chamar minha atenção para a espiritualidade. Isso foi em Vitória, no bairro chamado Campo Grande, que é tipo uma Tijuca, se compararmos com o Rio de Janeiro. O jardim dava para rua.

Mamãe, que sempre via o lado bom das coisas, falava daquela situação como um aprendizado para mim, para nós.

Esses assuntos espirituais começaram a ficar bem próximos de mim ainda bem moço. A Fernanda, minha administradora anterior, acompanhava isso muito bem, notando o meu comportamento, percebendo certos detalhes espirituais que me cercavam.

Sempre tive muitos desdobramentos. Estar dormindo e acordar com a sensação de conversar com alguém, ver vultos e ter *insights* de uma pessoa chegando para mim e falando que mamãe não estava bem, quando de fato ela não estava.

São as formas da Espiritualidade nos acessar.

VIDA EM VITÓRIA

Vitória me faz lembrar da praia.

Eu ia muito visitar o mar. Era o programa de fim de semana.

Estudei em colégio público num período, sim; outro, não. Mamãe era danada e dava sempre um jeito de conseguir bolsas de estudo para que estudássemos sem pagar. E eu corria atrás para fazer jus ao investimento dela. A maior parte da minha formação foi feita em escola pública. Ali começou o interesse pelas artes. Era eu quem fazia Camões nas festas de encerramento, os grandes poetas. Eles destacavam os trechos, ensaiavam o que eu tinha de declamar e eu entrava fazendo. Eu era só o Carlos Renato nessa época, sem ter incorporado o Prieto. Nesse tempo, mamãe dizia sempre que a arte era o meu caminho.

De fato, gostava do negócio.

Eu ia muito à praia. Era um programa natural e repetido. O programa que mais gostava era ir para os sítios e fazendas de tios e avós. Para mim, esse era o melhor programa. Ermas cidades ao redor de Vitória, onde eu tinha um número imenso de tios, tias e avós, que nos recebiam com muita alegria nas festas da cidade, final de ano e férias.

Eu gostava especificamente de ir para um local, a casa de uma tia que ficava na cidade de Iconha, próximo de Anchieta. Ela e mamãe eram amigas, carne e unha.

Gostava de uma tia que eu chamava de Fia, que sempre me acolhia com muito afeto em sua casa no interior do Espírito Santo. O que sempre me encantou nessa época de menino foram sítios e cachoeiras, a relação com a natureza. Menino gosta disto: de brincar no mundo, de ver como o mundo é grande e vivo.

Em um determinado momento da minha meninice, descobri o rádio, a televisão e os livros. A ponte para as artes veio dali. Como tudo era perto, não me parecia difícil ter acesso ao jornal da cidade. Assim, na Vitória da minha infância e adolescência, eu visitava as redações e conversava com os jornalistas, todo curioso, todo pimpão, como se fosse adulto. Foi quando comecei a ajudar o jornalista Esdras Leonor. Eu devia ter uns 13, 14 anos. Com Esdras, comecei a abrir uma janela para o universo midiático. Ele me levou para a rádio e para um programa de televisão.

Era uma perspectiva encantadora, mas eu sabia que Vitória, para mim, era apenas um rito de passagem. Eu sabia que não era um lugar onde iria ficar por muito tempo, embora tenha gostado muito de tudo que vivi lá. Gostava de onde eu vivia.

A minha casa tinha abertura para os dois lados da rua. Tinha uma história de mamãe que gostava muito. No final da casa tinha uma despensa, onde eram guardados os favoritismos. O biscoito que papai gostava, o doce que meu irmão amava. Quando eles não encontravam as coisas ali, perguntavam a mamãe onde poderiam estar e ela dizia para perguntarem para mim. Ela sabia que alguém havia passado pelo corredor de cima ou de baixo pedindo ajuda e eu tinha dado.

Papai dizia que eu o levaria à falência e mamãe afirmava ser o meu jeito. Em uma dessas vezes que dei algo para alguém, foi um bando de ciganos que me pediram para encher uma moringa de água. Como sempre fazia isso com todo mundo, peguei a moringa e enchi de água. Os ciganos ficaram educadamente esperando, quando voltei e entreguei a moringa na mão de uma cigana, que falou assim: "Que futuro! Aqui não é o seu lugar e você sabe. Você não vai ficar nessa cidade e nesse estado. A sua história vai ser contada fora daqui, em grandes centros e no mundo. A sua área é a arte, vai seguir nessa carreira. Vai fazer teatro, cinema, televisão e tudo envolvido com a arte. Já vai se preparando porque ainda jovem terá de sair daqui para estudar fora."

Ouvi aquilo com muita atenção. Nunca contei para ninguém em casa. Os ciganos eram tidos como perigosos. Quando ficava sozinho, pensava muito em sair de lá. Essa imagem da cigana ficou na minha cabeça a vida inteira. Cada trabalho que faço, me lembro dessa mulher.

LICEU

Essa relação com Vitória me faz pensar nos bancos da escola. Nunca repeti de ano. Era muito vanguardista na escola, criava jornais, formava grupos de cultura. Estudei em uma escola pública em Vitória. Nela tinha uma professora que dizia que a minha veia artística era muito grande. Eu era alguém que, nos encerramentos de ano letivo, sempre tinha um texto para estudar ou decorar. Com 14 anos, comecei a estudar as coisas, quando me meti na rádio, quando comecei a apresentar um quadro na Rede Tupi, sua associada de Vitória. Comecei a participar dos grupos que se reuniam no Teatro Carlos Gomes, em Vitória. Quando fiz 16 anos, as pessoas começaram a dizer que eu precisava me especializar. Pesquisei e vi que em São Paulo tinha a Escola de Arte Dramática e no Rio tinha o Conservatório Nacional de Teatro. Escolhi o Rio porque era um lugar em que eu tinha uma pessoa para me receber. Com 16 para 17 anos comecei a ver que se não saísse dali, iria morrer ali.

NOME ARTÍSTICO

Meu nome artístico veio em homenagem ao meu bisavô. Precisei adotar um quando fui tentar a sorte na rádio, com o Esdras Leonor.

Escolhi esse nome porque quando o rapaz da rádio me perguntou como iria me chamar, comecei a pensar nos nomes da família e veio o Prieto. Passei a vida ouvindo histórias sobre meu bisavô, que tinha vindo da Europa por causa da guerra, era um intelectual, juntava as crianças e dava aulas para todos. Quem estudava com ele, bebia de toda a cultura que ele trazia da Europa. Cresci com uma admiração muito grande por ele. Comecei a conversar com as pessoas, perguntando se seria Renato Pompermayer — da vovó — ou Renato Prieto. Saiu uma crítica em um jornal falando o meu nome, falando do quadro. Eu guardava esse jornal embaixo do colchão, mas em algum momento o perdi.

Quando cheguei ao Rio de Janeiro, todo mundo achava que eu era o irmão da grande atriz Adriana Prieto, estrela de *O casamento* (1976), que morreu dois anos antes do lançamento do filme. Ela tinha um irmão, que tinha o cabelo preto e cacheado. Eu, que não era irmão deles, tinha o cabelo loiro e olhos verdes — como ela. Daí a confusão. Entre os meus primeiros cinco e dez anos de profissão, todos perguntavam sobre o meu possível parentesco com ela. Eu dizia: "Com muita honra eu seria irmão dela, mas não sou. O Prieto dela vem da Espanha e o meu vem da Itália."

LUZES DA RIBALTA

Devo muito a Esdras Leonor, pelo tanto que ele confiou em mim ao enxergar na figura do menino que eu era um potencial talento. Ele era um jornalista muito aclamado por ter o programa de rádio e o de televisão de maior audiência de Vitória.

Fui chamado por ele para ler as cartas dos ouvintes. Ele achou que eu era esperto e resolveu me levar até a discoteca para escolher as músicas que os ouvintes pediam. Por um certo tempo, eu lia as cartas. Passado um período, ele disse que na televisão as bicicletas Monark precisavam de um garoto para apresentar um quadro. Ele me levou ao programa e me deixou bem conhecido na roda, eu era convidado para festas e gostei daquilo. O pessoal do Teatro Carlos Gomes, de Vitória, começou a me chamar para gravar *jingles*.

Eu tinha 14 anos. Fiquei por ali fazendo esse programa e comecei a conhecer os apresentadores. Eu gostava daquilo, as pessoas falavam comigo na escola e nas ruas. Esdras era um cara bacana. Fazia o programa e comecei a estudar à noite. As pessoas começaram a falar muito comigo sobre eu estudar arte e comecei a ver como. Descobri que São Paulo tinha a Escola de Arte Dramática e o no Rio tinha o Conservatório Nacional de Teatro.

Alguém falou para eu mandar uma carta para uma revista em que uma pessoa escrevia sobre teatro. O nome dessa pessoa era Cléia Nesí. Falei que era um jovem ator, que estava aprendendo e queria fazer faculdade e tudo o mais. Ela não me indicou a de São Paulo e aconselhou o Conservatório, no Rio. Mandei uma carta e eles disseram em que período haveria audições.

Descobri uma moça, Esmeralda, que estava aqui no Rio e me falou para ficar na casa de um conhecido. Vim e prestei audição. Quando cheguei, todo mundo falou que fulano saiu de lá, beltrano passou por lá, falaram o nome de muitos artistas que haviam saído de lá. Eu tinha 17, 18 anos. Fui dispensado do Exército e corri atrás disso porque já tinha decidido que iria me mandar para o Rio.

No saguão da faculdade, eram centenas de pessoas de outros estados como eu, perdidos. Eu estava ensaiado e já conhecia pessoas. Cacei um texto do Plínio Marcos, *Dois perdidos numa noite suja*. Peguei uma cena boa e arrumei alguém que já estava fazendo algumas coisas para me ajudar. Um garoto fazendo uma cena de bandido não era fácil. As pessoas, em desespero, pensando em como seria lá em cima. Ia me oferecendo para ajudar as pessoas a lerem seus textos. Cada vez que eu entrava depois da décima vez, a pessoa perguntava se era a minha vez. Essas pessoas me viram fazendo primo, irmão, ladrão. Antes de subir eu lia para dar o meu melhor e ajudar o colega.

Chegou a minha vez, fiz a cena e quando acabou agradeceram ao meu *partner* e pediram para ele sair. Alguém falou assim (pode ter sido o Pernambuco de Oliveira): "Nós estávamos em algum momento nos intervalos falando sobre você. Em todas as bancas que nós fizemos nos últimos dias, não vimos nenhum candidato subir e descer tantas vezes só para ajudar ao outro. Você faz parte disso, a arte está dentro de você. Pode ir embora, já passou. Não fala isso para ninguém."

Outra pessoa completou: "Você mostrou 25 vertentes de um ator ajudando seus colegas. Só um profissional que ama as artes faria isso."

Comecei a estudar e ali me formei com a presença do José Renato, o grande diretor do Grupo Oficina. Completei os estudos no Conservatório Nacional de Teatro, com Barbara Heliodora, Pernambuco de Oliveira e outros titãs.

A primeira vez que fiz uma cena para ajudar um aluno de direção que estava se formando, o Zé Renato assistiu. Era ele quem dava nota no final. Descobri que ele iria dirigir uma peça do Millôr Fernandes, uma adaptação de *Arlequim, servidor de dois patrões*. Perguntei para Sônia de Paula se ela conhecia o Zé Renato e ela tinha o telefone dele. Ela ligou e ele me recebeu. Quando me viu, ele se lembrou de mim. Falei que precisava de trabalho e ele me disse que tinha um personagem para mim. Peguei a peça e ganhei um salário, meu primeiro salário fixo como ator. Antes disso, como o Pernambuco de Oliveira tinha me visto vinte vezes fazendo teste para ajudar um colega, falei que precisava trabalhar. Ele pegou o telefone na minha frente e ligou para uma companhia de teatro, a da Dilu Melo, e fez elogios a mim. A Dilu me chamou e fez um teste de dança e de texto e me deu um papel em um musical infantil. Estreei no Teatro Galeria. Era um musical infantil cujo nome não me lembro. Com esse trabalho, todo sábado e domingo eu tinha uma grana para receber.

Como sou muito abusado, lá na frente vi que o Zé Renato tinha dificuldade de comandar vários grupos de jovens separados. Falei com ele sobre essa dificuldade e perguntei se ele não teria assistente. "Estou aceitando se você me contratar, colocar na carteira e me pagar mais um salário". Quando ele chegava, eu apresentava o que tinha feito com essa turma jovem e ele dizia que ficaria como está ou fazia as correções dele.

Ali fui visto por Tônia Carreiro. Ela foi ao meu camarim me cumprimentar. Eu o dividia com o ator Lauro Góes. Ela disse: "Você não acha que ele se parece muito com aquele personagem da peça *Doce pássaro da juventude*, que vamos fazer?". Eu falei que fizera *O demorado adeus*, também do Tennessee, e que, graças a essa peça, o Zé Renato me chamou. Ela disse para ir conversar com eles e eu fui. Eles iriam estrear no Teatro Manchete. Saí da minha peça direto para o *Doce pássaro da juventude*.

AMORES

Não dá pra falar da juventude da gente sem enfrentar a educação sentimental do querer: o amor. Tem um par de estrofes da portuguesa Florbela Espanca de que gosto muito e que me salta à mente ao pensar nesse assunto:

Beija-me as mãos, Amor, devagarinho...
Como se os dois nascêssemos irmãos,
Aves cantando, ao sol, no mesmo ninho...

Beija-mas bem!... Que fantasia louca
Guardar assim, fechados, nestas mãos
Os beijos que sonhei pra minha boca!

Muita gente me indaga sobre minha vida amorosa. Bom, como você, eu já beijei, abracei e me apaixonei... Vivi o gostinho doce da mãozinha dada. Vivi a ventania da paixão bagunçar meus cabelos e me aquecer o coração. Mas não é desse amor que gosto de falar. Estou aqui para falar de uma experiência mais coletiva, que passa pelo amor espiritual: a amizade, a caridade.

Um amigo jornalista um dia me perguntou: "Você é uma pessoa que se sente só? Existem horas em que você sente falta de um abraço, um carinho? Como é a sua vida em relação ao afeto? Estou falando de você se doar muito. Você sente falta de alguma coisa?"

Não. Sou muito acarinhado. As pessoas à minha volta são muito dedicadas e amorosas comigo. As crianças definem muito bem isso. Existiu um núcleo familiar em casa que descreveu muito bem isso e que o fazia funcionar.

Com o retorno do meu pai e da minha mãe ao plano espiritual, as minhas irmãs sempre tomaram a frente de virem me ver. Sempre fui muito acarinhado e protegido. Já me conscientizei desde todo sempre de que a minha função nesta encarnação não estava ligada a construir sozinho um núcleo familiar que me impedisse de ir e vir quantas vezes fossem necessárias para fazer apresentações, trabalhar fora do Brasil, ajudar instituições, chamar atenção da cidade. Sempre tive consciência disso e de que essa é a minha função na encarnação.

O que define muito bem isso são os versos de uma música de Ivan Lins e Vitor Martins: "Quem mais sabe de mim / é o espelho do meu camarim." Existe um estranhamento. Quando chega o fim do espetáculo e a plateia grita, aquilo vai ecoando em você. Depois dos agradecimentos finais, quando se dirige ao camarim, se você não tiver um preparo muito grande, vai achar que esse espaço é muito solitário. Ao mesmo tempo, você tem a multidão toda que te abraça, mas vai diminuindo.

Passo por isso a vida toda. Desde os 19 anos, do início ou meados dos anos 1970. Nessa idade, você tem o furor da juventude, quer ouvir do outro se foi bom. Existe a necessidade de ouvir o que as pessoas têm a dizer. Ao mesmo tempo, você não tem um reconhecimento.

MORTE, A INDESEJADA (PARA ALGUNS, CAMINHO PARA OUTROS)

Gabriel García Márquez tem sido um companheiro fiel na minha vida, em um matrimônio consentido pelo prazer da leitura, por uma pérola destas: "Ninguém merece as tuas lágrimas, mas quem as merecer não vai fazer você chorar." Essa frase me faz refletir sobre a finitude. Gabo diz ainda: "A vida não é mais do que uma contínua sucessão de oportunidades para sobreviver." Talvez eu seja mais propositivo do que ele. Sempre fui propositivo na vida. Mas aqui acho importante dar uma passada na percepção da Morte.

Falando da juventude para você, aqui, passo em revista um período da minha vida onde me lanço no espaço da aventura profissional sem medo, de peito aberto. Mas, ao longo dos percalços do viver, das pessoas que se vão, passamos a prestar atenção em outras dimensões. Alguns chamam a morte de fim, eu a vejo como continuidade. Aprendi isso cedo.

Sempre digo que o medo é um péssimo conselheiro, mas também uma antena. Quando aquela sensação dispara em você, está dizendo que algo à sua volta não está certo.

O medo é um grande aliado para detectar dificuldades. É uma mola propulsora, como se fosse uma luz vermelha de alerta. Todos nós temos isso que nos diz "vá com cautela". Se você não o administra a seu favor, o que poderia ser benéfico para manter as antenas ligadas acaba jogando contra. E o medo está a seu favor.

Com relação à palavra "morte", sei que não é fácil. Já me separei de meus avós, perdi meu pai e minha mãe. No dia em que mamãe desencarnou, não pude acompanhar de perto. Naquele dia eu tinha uma apresentação e a renda da bilheteira era para ajudar uma instituição. Pensei no que ela faria naquele momento e concluí que ela me diria para cumprir com o meu dever.

Como ser humano, compreendo que, quando a gente convive durante um largo período com alguém, se separar dessa pessoa não é fácil. Tantos amigos que já retornaram ao plano espiritual, que acompanhei de perto... Se não tiver um preparo espiritual e algum conhecimento, você sai daquele local e fica um vazio muito grande dentro de você. Se você tem o preparo, compreende que a gente nasce, cresce, evolui no meio do caminho e morre.

A única coisa certa da vida é a morte, não importa sua opção ou escolha filosófica. Não adianta ficar se escondendo, batendo na madeira como se a morte não fosse chegar ao seu núcleo familiar. Muitas pessoas que estão lendo isso também estão nesse contexto. O caminho de todos nós é o que nós, espíritas, chamamos de "desencarne".

A palavra "morte" deixa parecendo que tudo se encerra ali, na hora em que o coração para de bater. Começa quando você entra no corpo, fica aqui neste planeta e depois chega o momento de retornar para onde você estava antes de vir para a Terra. Não se preparar para esse momento é uma perda de tempo. É ficar tapando o sol com a peneira. E tudo o que você aprendeu por aqui? Nada se perde. Quando se chega ao plano espiritual, você já está bem, e, passado o período de readaptação, você retoma.

As pessoas que não tentaram durante a vida ficarão diante de sua própria consciência. E isso não tem nada a ver com diferenças sociais. Sei que as diferenças sociais, culturais e morais são acintosas. Mas conhecemos vários casos de pessoas que nasceram, tinham tudo contra si e se tornaram bem-sucedidas. Elas lutaram bravamente com o que tinham nas mãos e não passou em nenhum momento pela cabeça delas a menor possibilidade de não tentarem. Se você está em paz com sua consciência e fez sua parte, é mais ou menos por aí. Lidar com a morte não é fácil. Mas, de novo, quem disse que seria fácil? Lidar com a morte é saber conviver com o pranto, com a falta de toque, com o invisível. Mas nem tudo que a gente ama é visível.

VIVER ESPIRITUALIZADO

Não tem como tratar dos assuntos metafísicos, da Morte e da Vida, sem pensar na dimensão espiritual do mundo que nos cerca. Para mim, isso é indissociável de falar da minha jornada prática. A minha alma sempre foi muito espiritualizada, desde que eu era pequeno. A espiritualidade não depende de coisa ou lugar. Veja o quanto caminhei para chegar aonde cheguei. Rodei o mundo: morei em favela, no morro, em Santa Teresa, na rua. Dividia apartamento com cinco, dez pessoas. Tive atrofia estomacal por conta da fome que passei. Nesses momentos, a Sônia de Paula sempre estava por perto.

Eu diria para você que me adequei mais à doutrina de Allan Kardec do que a de outras linhas do espiritismo. Independentemente de estar abraçado a uma doutrina, quem me conhecia sabia do meu comportamento. Nunca utilizei de uma artimanha para conseguir um trabalho ou contrato.

Depois que o Paulo José me chamou para fazer um teste de comercial — com salário fabuloso — em uma agência de publicidade, ele se sentou na escada do estúdio e disse não saber o que fazer. A dúvida dele se referia ao fato de que dois atores, o Leônidas Aguiar e eu, tínhamos tido um desempenho de igual potência naquele teste. Dias antes, eu tinha estado na casa do Leônidas, que morava em um pequeno apartamento. Ele era casado com uma atriz, a Silvia Aveliz, e eles tinham acabado de ter um bebê. Falei que não faria o comercial porque eles estavam precisando mais. O Paulo nunca mais esqueceu dessa história e, posteriormente, me chamou para outros trabalhos.

A partir dali, comecei a entender para onde queria ir e qual caminho tomar. Busquei participar de pequenos trabalhos e de alguns programas como convidado, enquanto vários atores amigos meus estavam mais ali, na linha de shows. O salário não era uma fortuna, o melhor que tive foi pago pela Tônia Carrero. Foi quando conheci e fiquei amigo do Chico Anysio e passei a gravar algumas coisas com ele. Cheguei até a dirigir a Geórgia Gomide em uma peça escrita por ele: *Inimiga pública número 1*.

O fato é que nunca me adequei àquele esquema *mainstream*. Chegava pronto ao meu trabalho e não me envolvia em conversa de camarim. Aprendi logo de cara a me blindar. Sempre cuidei de mim e me protegi, pois vi coisas do arco da velha. Isso ainda na fase Boni, que sempre foi muito gentil quando ia lhe pedir apoio para as peças de teatro.

Por exemplo, o que mais me incomoda em qualquer entrevista ou lugar a que vou é quando encontro grupinhos fechados e que começam a falar de um coleguinha, dizendo que ele é deselegante, distrata, pisoteia e manda cortar personagem. Estão na biografia de vários atores exemplos disso, casos contados descaradamente. Isso me tira da minha zona bacana. Desde quando o talento te autoriza a fazer isso?

Todas as pessoas de raro talento com as quais trabalhei, como é o caso da Bibi Ferreira... Aliás, sobre a Bibi, cheguei a fazer teste para o espetáculo *Gota d'água*, no qual ela era estrela. Até passei nesse teste, mas quando fui acertar o cachê, o pagamento oferecido não era bacana e preferi declinar. Mas isso é praxe do teatro. Não ficou nenhum mal-entendido. Fui fã e amigo da Bibi por anos e anos. A filha dela, Tina Ferreira, é como se fosse uma irmã para mim. O tempo que trabalhei com a Tônia Carrero também foi inesquecível. Marcaram também os trabalhos que fiz com Ary Fontoura, Grande Otelo, Regina Duarte... Enfim, por ter aprendido com os bons e não querer ficar como os maus, comecei a procurar outros caminhos e vi que poderia me meter em produções.

Antes da minha fase de dedicação à dramaturgia espírita, a partir dos anos 1980, me arrisquei no teatro tanto quanto pude, estrelando toda a sorte de autoras e autores de prestígio. Trabalhava muito, pois tinha de juntar o salário que estivesse ganhando para investir no meu futuro.

Como eu estava entre os personagens principais dos espetáculos que encenava, os diretores e produtores me viam mais. Durante bom tempo, eles foram meus grandes aliados de indicações. Fui maturando as minhas qualificações, pois tinha de aprender apanhando. Demorei uns dez anos assim. Eu não tinha nada e morava em um apartamento alugado.

Durante minha carreira fiz jazz, depois clássico, sapateado e, durante um período, cheguei até a ter bolsas nas maiores academias de dança do Rio de Janeiro. Bati na porta de Dalal Achcar, de Klauss e Angel Vianna e de Thereza d'Aquino. Eles eram muito respeitados pela classe artística. Eu ficava lá no fundo da classe e fiz aula durante muito tempo; e ia a pé, saindo do Leme. Depois, quando precisei dirigir bailarinos, já sabia os movimentos.

COINCIDÊNCIAS

Revisitando as andanças pelos palcos, na saudade dos grandes sucessos, chego a um porto onde tudo me parecia seguro, onde o mar da vida não tinha ressaca, onde tudo se ressignificava.

No fim dos anos 1990, participei de um livro de depoimentos chamado *Por que me tornei espírita*, escrito por Mauro Judice, no qual digo: "Numa coincidência e depois noutra, o plano oculto tecia lentamente meu destino."

Era uma época em que estava de volta aos palcos com a peça *Além da vida*, em apresentações no Sesc do bairro de Madureira, no Rio de Janeiro. É esse o porto a que me refiro. No livro, Judice conta:

Renato Prieto, antes mesmo de entrar em cena no local, sentiu um vazio, as energias estranhas que logo identificou serem emanadas de espíritos, ocupando todos os lugares, nos camarins, no palco, na entrada do teatro... determinados em assistir ao desenrolar da peça. Embora estivesse concentradíssimo em seu personagem para melhor defender sua atuação, o ator percebeu também as vibrações do conjunto do público, como uma brisa cálida invadindo as dependências da casa de espetáculos. Artista experiente, não tivera antes a mesma sensação em outros trabalhos de tema espiritual.

Renato procurava não se desconcentrar, ainda mais que já havia muita interação com a doutrina espírita e tinha perfeitos conhecimentos dos fenômenos dos quais se via cercado. No entanto, ao percorrer os ambientes, via estranhas luzes surgirem à sua frente. Eram diminutos raios de luz perdurando curto espaço de tempo, como estrelas cadentes; eram pontos luminosos que não iam além do tamanho de uma moeda, popocando bem diante dele, nos corredores do teatro, no palco, em todos os lugares; sombras a lhe rasparem o canto da visão, para quando houvessem seduzido seu olhar já logo desaparecer, sem deixar ver de chapa, a olhos cheios. Porém, ainda mais impressionante era o que se passava com ele na coxia (pequeno corredor atrás do cenário), ao transitar de um lado para outro por exigência das novas cenas. Nessa passagem, de vez em quando, ele literalmente esbarrava com espíritos, quer dizer, sentia como se houvesse dado encontrões com almas do outro mundo.

Gosto dessa passagem do livro, colhida em uma entrevista que concedi a ele, por demonstrar o que a gente esbarra de energia quando entra em cena, com a consciência espiritual.

Como se costuma explicar na literatura espírita, esses seres desencarnados, embora estejam em outro plano, vibram em frequência mais baixa e tornam-se mais densos e, por essa razão, ficam mais propícios à tangibilidade. Judice chega a frisar em seu texto que eu já estava bastante acostumado com todos esses fantásticos fenômenos:

Prieto convivia com eles desde o início das apresentações do *Além da vida*. Chegava mesmo a levar a coisa de forma muito natural, como era de seu estilo. Já passava e ia pedindo desculpas em quem esbarrasse, fosse colega de trabalho, fosse espírito desencarnado. Quem o surpreendesse nesse momento certamente o consideraria louco, correndo pela coxia pedindo desculpas no escuro, sem haver ninguém ao seu lado!

Enfim, tais envolvimentos espirituais, que fariam qualquer um sentir frio na espinha, já não o alteravam mais. Ele continua compenetrado em sua atuação até o espetáculo chegar aos instantes finais.

Mais uma vez, ele deixou o palco preparando-se para voltar na última cena, ao lado de todos os outros atores. Aí, parado em algum canto da coxia, seus olhos se perderam numa fresta de luz foragida do palco, e seus pensamentos o levaram para longe dali. Talvez pensasse em seus primeiros contatos com o plano espiritual.

De todos os espetáculos que fiz, sobretudo considerando aqueles ligados a temas metafísicos, a peça *Além da vida* foi a que mais e melhor sedimentou o meu compromisso com a missão de levar os assuntos espirituais pelos caminhos das artes. Acredito que eu tenha ficado uns 15 anos em cartaz com esse texto teatral pelos palcos de todos o país, entre idas e vindas. Tinha uma trupe fenomenal comigo, como Lúcio Mauro, Felipe Carone, Lea Bulcão, Rosana Penna, Norma Blum, Alexandre Barbalho e mais uma leva de grandes e talentosas estrelas que deram o ar de seu encanto à nossa trupe.
Sinto que com aquela história, decalcada da obra de Chico Xavier e Divaldo Franco, a gente ajudou o Brasil a diluir seus medos do desconhecido que vem depois do que chamamos de "morte".

PERRENGUES DO RIO – PARTE I

Quando cheguei ao Rio, uma mulher lá de Vitória conhecida da minha família, chamada Esmeralda, disse que tinha um lugar para que eu ficasse na casa de outra mulher que também morara em Vitória. Era no Catumbi e fui passar um tempo lá. Ela tinha muitos filhos e com a mudança de ambiente comecei a ficar mal, com a respiração alterada. A mulher disse que era para avisar para minha família. A Esmeralda não falou para minha família, ela me avisou que estavam pensando em ligar para minha casa.

Eu me lembrei de uma história, de que um tio meu de segundo grau era separado de uma mulher que morava na barreira do Vasco, uma favela do Rio de Janeiro. Fui para lá perguntando de bar em bar se alguém a conhecia. Me falaram que ela já havia saído de lá, mas o filho dela estava sempre pelas imediações.

O rapaz estava passando na hora e me apresentei contando por que estava ali. Era um sábado e ele me disse para esperar que iríamos juntos para casa. Ele me apresentou para a mãe dele, essa minha tia de consideração.

Eles moravam em um sobrado dentro da favela do Parque União. Eu nem sabia direito o que era favela. No começo, houve um estranhamento. Ele contou para ela o que estava acontecendo e do que eu precisava. Ela disse: "Olha, aqui não tem onde ele ficar. É muito pequeno, como vamos acolher ele aqui?" A nora dela morava por ali e disse que eu poderia ficar na casa dela. Ali começou a minha odisseia, eu não tinha onde ficar.

A primeira coisa que fiz foi voltar para o local em que estava no Catumbi e informei para onde iria me mudar. Fiquei oito meses na favela, foi um estranhamento muito grande passar por cima, ao lado ou atrás de corpos estendidos no chão. As pessoas eram assassinadas ali dentro. Era década de 1970 para 1980. Cheguei ao Rio em 1974, tinha acabado de fazer 18 anos. Cansei de ver corpos jogados na vala. Eu dizia sempre que aquele não era o meu lugar e que estava ali só de passagem.

Ali aprendi que existia uma união entre os moradores, a divisão dos bens entre eles. Havia solidariedade entre as pessoas, elas se protegiam e eram do bem. Moravam ali por necessidade. Sempre estava andando com aquelas pessoas em grupo para poder atravessar aquilo tudo até chegar à avenida Brasil.

Essa moça de cima, a Lila, tinha uma filha chamada Luciana que era cadeirante. Quando Luciana me via, voava na cadeira pulando de felicidade. Para Lila cuidar das coisas da casa, eu saía com Luciana e andava pelas ruas do Parque União. Era um bebê de dois anos, com problemas neurovegetativos. Nosso passeio durava algumas horas. Lila guardava as coisas para mim, escondia prato de comida e me dava um lanche para levar. O marido dela era alcoólatra, chegava sempre caindo pela casa e tinha atos assustadores. Ela, que era uma luz de bondade, não merecia aquilo.

Um dia, ela chegou em prantos para mim, falando que aquele não era um lugar para eu ficar e que ele vivia implicando comigo. Ele não chegava a ter ciúme de mim, o que eu sentia era que ele não me queria ali. Ela que me protegia. Eu tinha uns 18 anos e eles tinham entre 35 e quarenta anos. Essa minha tia de segundo grau tinha uns sessenta anos.

Fiquei novamente na zona de perigo sem ter para onde ir. Nessa altura eu já estava no caminho para a universidade. Lila me ajudava com a marmita e comidas. Enquanto eu esperava, arrumei um emprego em uma papelaria no largo de São Francisco, perto da praça Tiradentes. Era o período de volta às aulas e consegui um emprego temporário. Eu saía dali para a praia do Flamengo para fazer cursos ou ensaiava com o menino que iria me ajudar. Ganhei um dinheirinho ali que eu dava para ela e ajudava muito ela. Depois soube que estavam precisando de alguém temporário na loja de roupa Ducal. Era na avenida Nossa Senhora de Fátima, um lugar no Centro, menor e mais tranquilo.

Eu dava dinheiro para a Lila porque queria, ninguém me pedia. O pessoal me aceitou na Ducal. Ali tinha um rapaz, Marco Aurélio Peçanha de Oliveira, deveria ter uns 25 anos. Na hora do almoço, falei para ele que estava com um problema e contei minha história. Ele disse que morava sozinho com o pai aposentado e que a mãe tinha morrido. Disse que o pai iria gostar de uma outra pessoa ali. Eu ofereci ajuda com o meu salário. Fui para o céu, fui para o Grajaú. A casa dele era grande, as ruas arborizadas, tudo lindo de viver. Saí de Vitória bem situado, caí em uma favela e depois cheguei ao Grajaú, bairro cheio de mansões.

O pai dele se apegou muito a mim. Eu chegava e levava os pães, ele estava muito doente. Também levava o cigarro dele. Ele se locomovia com dificuldade. Antes de sair, perguntava o que ele precisava e ia até a rua comprar as coisas. Ali fiquei, já fazendo a faculdade. Do bairro de Fátima para a faculdade dava até para ir caminhando.

Já estava de olho na demissão, precisava de dinheiro e sabia que em algum momento seria mandado embora.

O conservatório era de graça, fiz vestibular para passar. O teste de admissão foi uma encenação de *Dois perdidos numa noite suja*, de Plínio Marcos. Eu fazia o Paco e o Leônidas Aguiar era o Tonho. Fui muito bem ensaiado por uma mulher que era atriz e outra moça que se tornou muito famosa na França, chamada Nazaré Pereira.

Na minha turma tinha um estudante que se tornou diretor de televisão, o Márcio Augusto. Circulavam por ali naquele período Betty Erthal, Marco Nanini, Pedro Paulo Rangel, Mário Gomes. Eram turmas diferentes. Da minha turma, fui o ator que ganhou mais notabilidade multimídia, fazendo TV, teatro e cinema — hoje também internet, em *lives*.

Daquela galera que estudou ali, nos anos 1970, algumas pessoas foram para outras áreas, partiram para outros caminhos.

Talvez pelo meu sotaque capixaba, no tempo do Conservatório sempre me perguntavam de onde eu era. Também pudera: eu era o único do Espírito Santo ali.

PERRENGUES DO RIO – PARTE II

Durante muito tempo, só conseguia voltar para Vitória de carona com um caminhoneiro. Presta atenção nessa confusão que foi a minha vida nessa época: tinha uma pessoa lá do Espírito Santo que era amiga de um caminhoneiro que fazia o trecho Vitória – Rio de Janeiro com frequência. Quando descobria que esse motorista estava no Rio, ia até o local onde ele costumava ficar para saber quando ele voltaria. Eu pretendia visitar a família e contava que ele me levasse para Vitória.

Eu deixava a faculdade de lado por um tempo, pegava carona até Vitória com o caminhoneiro e ficava por lá esperando o dia que ele voltaria para o Rio. Fiz isso muitas vezes e, além daquele que me dava carona, conheci muitos caminhoneiros nos postos de gasolina do trajeto. Esse motorista generoso cuidava muito de mim, pois eu era apenas um menino.

Quando larguei o emprego, sabia que o dinheiro ia acabar e fiquei preocupado. Aí alguém me falou de um cara chamado Pipo, que seria capaz de me ajudar. Pipo era um grande artesão que expunha na Feira Hippie da Praça General Osório, em Ipanema, e morava no bairro de Fátima.

Bati de porta em porta e achei o tal Pipo. Contei a minha história para ele e disse que precisava de dinheiro para me sustentar aqui e pensei em vender algumas de suas peças. Ele me disse para escolher o que quisesse e que ele me deixaria levar pelo preço de custo. Passei a vender as obras de Pipo para os alunos da faculdade. O Pernambuco de Oliveira não falava nada, mesmo sendo o diretor da escola, e ninguém mexia comigo. Eu colocava as peças do Pipo no chão e vendia. Também vendia nas ruas, mas era mais bem-sucedido negociando dentro da faculdade, para alunos e funcionários.

Até que descobri que a Faculdade de Direito, na rua Moncorvo Filho, no Centro, dava alimentação. Fui novamente até a secretária do Pernambuco de Oliveira, Aileda Moreira Cavalcante. Falei para ela que estava gastando muito dinheiro em comida e precisava comer em algum lugar como o bandejão da Moncorvo, ou seja, sem pagar ou pagando muito pouco. Ela ligou para o B. de Paiva, que era o reitor, ele ligou para lá e eu passei a poder almoçar com os alunos na Moncorvo Filho. Sobre a noite, ela falou com a dona da lanchonete, que me deixou jantar lá.

Entre elas se perguntaram o que eu iria comer aos sábados e domingos. Tinha uma moça, a Geralda (não me pergunte o sobrenome dela!), que disse que iria levar uma grande quantidade de comida já pronta para mim, para que tivesse com o que me alimentar nos fins de semana. Ela levava a comida em uma lata grande de leite Ninho. Assim foi durante todo o período da faculdade. Não demorou muito, porque nessas alturas já tinha criado intimidade. Lais Frota, mãe de Alexandre, trabalhava ali. Eu a ajudava com os textos e ela me deixava ler tudo. Aileda Moreira Cavalcanti, que hoje mora na minha rua, era minha protetora. Ela me perguntava como seria o Natal e o Ano-Novo e eu acabava passando as festas de fim de ano na casa dela. Ela acrescentava o meu presente ao pé da árvore de Natal da família. Os meninos dela não estavam muito longe de mim na idade e eu dormia no quarto com um deles. Tinha comida e proteção.

A cantora Dilu Melo ligou para Pernambuco de Oliveira e disse que ele lhe tinha mandado uma joia. Nesse início, eu tinha o almoço, jantar na faculdade, a Geralda levava comida nas sextas e o Pernambuco me arrumou uma peça infantil da Dilu para fazer que me rendia uns

R$ 200,00 nos sábados e domingos. Depois consegui fazer o espetáculo *Vivaldino*, com direção do José Renato, ao lado do Grande Otelo, no Teatro Casa Grande. Ali a situação começou a se ajeitar.

A minha trupe nessa época tinha Lucélia Santos, Diogo Vilela, Sônia de Paula, Louise Cardoso, Betty Erthal, Maria Padilha, Miguel Falabella, Márcio Augusto e Eduardo Dusek. Esse povo todo estava batalhando. Fiquei amigo de João das Neves, o grande diretor de teatro. Fiquei muito amigo também da mulher dele, a Simone, e da Sônia de Paula, claro, de quem virei irmão siamês.

Em algum momento, nessa fase da vida em que tentava me estabelecer no teatro, nos anos 1970, fui fazer uma peça chamada *A varinha do faz de conta*, um musical infantil no Teatro Glaucio Gill. O diretor de outra peça infantil, José Maria Ligeiro, me convidou para substituir o querido ator Breno Moroni no espetáculo. Entrei na peça, no papel que era do Breno e viajamos pelo Brasil.

Viajei por várias cidades e, quando voltei, o pai do rapaz com quem eu morava no Grajaú tinha morrido e sido enterrado. O Marco Aurélio chorava muito. Ele me chamou e disse estava há anos na casa, que era alugada, e que, com a morte do pai, não fazia mais sentido ficar ali. Assim, tive de procurar uma nova moradia. Quem disse que seria fácil?

Conheci, naquela época, uma atriz chamada Marcele Sauaia. Ela disse que tinha um apartamento fechado e que eu poderia ficar por lá. Falei que iria chamar um amigo para dividir os custos desse apartamento, pagando para ela um valor que garantia a minha estada por lá. Esse rapaz era modelo, um modelo muito ativo no mercado. O apartamento era um quarto e sala. Quando eu chegava ele sempre estava trancado no quarto com uma mulher. Eu chegava e ficava na sala, esperando-o sair. Pensei que já tinha saído de um problema e iria entrar em outro. Mas não foi assim. A vida não é fácil. Conversei com esse modelo e disse que não dava para continuar naquele esquema. Buscando uma solução, encontrei com a Sônia de Paula, que estava na casa da Rony Rhomberg, amiga do ator José Luiz Rodi, que estava fazendo a novela *O astro*.

A Soninha me sugeriu que deixasse o apartamento que dividia com o modelo e iria falar com a Roni para eu ficar com elas. Roni aceitou que ficássemos em sua casa e dormíssemos na sala, Sônia, eu e um irmão dela, Wanderley, que tinha vindo para o Rio servir o Exército. Mas não dava para ficarmos lá em definitivo. Uma solução apareceu: (o babalorixá) Jair de Ogum, que nos conhecia por frequentar aquela turma, nos convidou para ficarmos na casa dele, na Penha Circular, em uma rua chamada Dolores Duran, em homenagem à famosa cantora.

Nessa fase da Penha Circular, o Wanderley começou a estudar. A Sônia começou a substituir alguém na montagem de *O último carro*, no Teatro Opinião. Já eu estava no Teatro Casa Grande, com *Vivaldino*. Eu saía do meu teatro, ia até o Opinião, assistia quase todos os dias aos últimos trinta minutos da peça com a Soninha. Nisso, o irmão dela já tinha saído da escola e ficava nos esperando pela rua, perto do teatro. Saíamos os três, pegávamos dois ônibus e chegávamos à Penha às duas da manhã. Entrávamos em silêncio e dormíamos em cima da laje coberta, mas com as laterais abertas. Às vezes dormíamos embaixo da casa, em um quarto desocupado ou em uma sala. Fizemos isso por um bom tempo, até o dia em que a Sônia conseguiu um apartamento na praça Vereador Rocha Leão, em Copacabana. Ficamos nesse apartamento em Copa por um período. Fui acompanhá-la na televisão um dia. Para mim, naquele momento não tinha nada de trabalho na telinha. Mas, nessa época, o escritor Mário Prata, que viria a se tornar um importante novelista, estava entrando na TV e nos viu. Ele disse que talvez tivesse um personagem para ela. Acabou que Soninha assinou seu primeiro contrato na televisão, para fazer a novela *Estúpido Cupido*. Ver a Soninha brilhar foi bonito. Com ela aprendi a valorizar a garra das mulheres no ofício da interpretação. E conheci grandes mulheres nas artes que me marcaram.

FERNANDA MONTENEGRO

A credito na espiritualidade, acredito no poder do pensamento positivo, acredito em Deus e acredito em Fernanda Montenegro. Não é brincadeira, é gratidão. Fernandona é um presente dos céus ao teatro brasileiro. Tive meu quinhão da luz dela. Eu tenho certeza de que, mesmo para alguém que ganhou todos os troféus do nosso teatro, recebeu o Urso de Prata do Festival de Berlim e foi indicada ao Oscar (com *Central do Brasil*), além de virar imortal da Academia Brasileira de Letras (ABL), nada foi fácil. E quem disse que seria?

Teve um período em uma temporada carioca em que, todos os dias de espetáculo, de quinta a domingo, eu ia pegar a Soninha de Paula no Teatro Glória. Ela estava fazendo *A mulher de todos nós*, peça de Henry Becque, com a Fernanda Montenegro. Eu chegava meia hora antes de a peça terminar e todos os dias eu assistia ao final. O que ensejava que eu conversasse com o elenco e com a própria Fernanda. Durante uma conversa, ela me disse assim: "Você olha para a porta do teatro, seu nome está lá no meio de outras pessoas. Você não é o produtor, que escolheu o texto. O outro vai escolher para ele os melhores personagens e isso não vai mudar, você está trabalhando para ele. No momento em que você se produzir ou se associar a alguém para produzir, você vai decidir o personagem, vai fazer a leitura do texto, a porta do teatro, definir o lugar que o seu nome fica."

Aquela ideia de que eu tinha de ficar à frente do trabalho para tudo se encaminhar ficou na minha cabeça. E poderia fazer isso com maior independência, escolhendo exatamente o que eu queria e do jeito que queria.

Eu sabia que as pessoas normalmente estavam produzindo ou dirigindo textos de grandes autores, como Nelson Rodrigues, Shakespeare, Plínio Marcos... Agora, você colocar no meio disso um espetáculo com temática espírita e um texto psicografado por alguém (como eu projetava) era complicado. Não eram todos que iriam correr esse risco.

No fundo, sabia que teria de assumir o risco para poder me expressar da maneira que desejava. E a mola propulsora que me fez pensar nisso, que me convenceu de que eu deveria me produzir para poder seguir com a minha total independência, foram as muitas conversas que tive com o elenco de *A mulher de todos nós* no final do espetáculo. Mas principalmente a conversa com a dona Fernanda.

É preciso salientar que, ao longo da minha vida, sempre teve alguém que me disse algo de suma importância e que ficou muito vivo dentro de mim por muito tempo. No momento em que surgiu a possibilidade, aquilo nasceu.

Fernanda sempre vê o Teatro assim com T maiúsculo: é arte, é verdade, mas também é negócio. Fazer teatro também é saber negociar. Sempre fiquei atento às entrevistas que ela dava sobre a arte de negociar com os responsáveis pelas casas onde nossos espetáculos são feitos e com potenciais parceiros e apoiadores. Tentei pôr em prática tudo o que escutei dela, vendo e lendo suas entrevistas.

Outro grande aprendizado veio de uma experiência que tive com meu amigo João das Neves, do Grupo Opinião. Perguntei se ele me daria um horário em que ele só cobrasse o percentual, sem aluguel fixo. O Teatro Opinião, que ficava na rua Siqueira Campos, em Copacabana, no Rio de Janeiro, tinha um porão que era utilizado como sala de ensaio. Ele disse que eu poderia usar esse porão para ensaiar e peguei um horário alternativo de sexta e sábado, à meia-noite.

João me deu esse horário sem nenhuma garantia de fixo, somente o percentual daquilo que desse na bilheteria. Então comecei a ensaiar. Eu gostava muito de um autor chamado Carlos Eduardo Novaes e de outro chamado João Carlos Rodrigues. Do primeiro me tornei amigo. O Carlos Eduardo, a quem o João das Neves tinha acesso, morava em Laranjeiras. Consegui o telefone, liguei para ele e fui recebido em sua casa.

Disse ao Carlos Eduardo que tinha a ideia de um espetáculo. Naquele momento, ele também era um colunista muito respeitado e eu, apenas um jovem. Mas ele aceitou me ouvir. Eu queria contar a história de um homem se fragmentando nas ideias ao longo de uma hora e dez minutos de espetáculo. Acabamos decidindo que o nome da peça seria *O homem em pó*, exatamente para dar essa ideia da fragmentação.

Ele escreveu o roteiro e eu estreei no Teatro Opinião. Ali, tomei todas as decisões, conforme a Fernanda recomendou. Mas, para a peça acontecer, eu precisava impulsioná-la. Em um *insight*, lembrei que, nessa época, a Leda Nagle fazia a parte de cultura do *Hoje*, jornal vespertino da Globo. Peguei o telefone e liguei para a redação do jornal, pedindo para falar com a Leda. Ela atendeu e eu disse: "Sou um jovem ator, meu nome é Renato Prieto. Estou começando minha batalha no mundo do teatro e o Carlos Eduardo Novaes escreveu um texto com o João Carlos Rodrigues especialmente para mim. Vou estrear no Teatro Opinião!" O nome do autor era como um *greencard*. Ele era respeitado no meio artístico. A Leda perguntou em que poderia me ajudar e respondi que precisava de uma nota ou mesmo uma matéria sobre a estreia. Ela fez uma matéria bem bacana e o teatro lotou, o que me incentivou muito. Depois, rodei por alguns teatros da prefeitura do Rio e em seguida fui para outras capitais. O espetáculo fez muito sucesso. Foi a mola propulsora para me tornar meu próprio produtor.

Fernanda Montenegro é uma atriz que sempre se produziu e se arriscou a produzir outros talentos. Isso é uma forma riquíssima de crescermos com autonomia e com verdade.

TÔNIA CARRERO, A DIVA

Uma das pessoas que mais admirei em toda a minha vida foi a atriz Tônia Carrero. Ela era uma grande estrela do teatro e eu quase não acreditava quando me via no camarim do Teatro Casa Grande com aquela mulher de elegância, beleza e talento ímpar falando comigo. Era sempre um grande prazer.

No palco, ao lado dela, acredito que eu tenha dado um grande passo na carreira. Primeiro, encenávamos uma megaprodução de *Doce pássaro da juventude*. Segundo, porque eu já tinha feito uma produção do Tennessee Williams e tinha me apaixonado. E, terceiro, era uma produção em um teatro de primeiro mundo, o Teatro Adolpho Bloch. O fundo do palco se abria por inteiro e oferecia uma visão total de uma piscina olímpica. No segundo andar, havia centenas de obras de arte valiosíssimas.

Éramos Tônia, Nuno Leal Maia, Leina Krespi, Betty Erthal, Ana Maria Nascimento e Silva, Reinaldo Gonzaga e eu. Eu estava num grande teatro e às quintas, quando havia matinês, jantávamos em torno da piscina. Apenas a equipe e o elenco, com a presença do senhor Adolpho Bloch. Era mais uma aula de cultura e ele era muito educado e generoso comigo. Lembro que falava com sotaque, de maneira enrolada, e em voz baixa. Achava interessante o prestígio que ele dava para a cultura. Para mim, não era comum estar ali com aquela espécie de Mecenas moderno.

Fiquei nessa temporada no teatro com a Tônia, o que foi uma felicidade para mim. Ela começou a me convidar para irmos juntos aos eventos e para jantar na casa dela.

Depois dessas aulas de cultura que tive com o Adolpho e com a Tônia naqueles dois andares de vista deslumbrante do teatro, uma janela se abriu para mim, pois fui matéria em várias revistas, como *Fatos e Fotos*, *Amiga*, *Manchete* e *Sétimo Céu*, algumas das mais vendidas no Brasil. Algumas dessas revistas faziam fotonovelas brasileiras e rapidamente comecei a participar delas, como ator. Comecei a criar conteúdo com eles e, com isso, me fazia presente, porque meu nome estava girando ali.

GESTUALIDADES DE GROTOWSKI

A ideia de que "a criatividade consiste em descobrir o desconhecido" foi um ensinamento que recebi de Jerzy Marian Grotowski. Já mencionei aqui que estudei com esse teórico e diretor teatral polonês — pioneiro no uso de espaços cênicos variados para cada espetáculo — em um curso ministrado no Teatro Glauce Rocha em 1974. É dele o conceito cênico do *training*, o treinamento contínuo do ator, que, em vez dos adereços de cena, privilegia a entrega radical do intérprete à pulsão da dramaturgia. A imagem que tenho de Grotowski não é a de um guru, mas a de um cara despojado, vestido com uma roupa à vontade, barbudo, com rosto grande e cabelo desalinhado. Um cara simples, humilde e generoso, cuja boca salivava verdades estéticas e proposições de reinvenção do ofício de encenar.

Ele estava sempre pronto para tudo que demandávamos dele. O que mais me marcou nessa experiência foi ouvir ele dizer: "O teatro só precisa de uma coisa: o ator. E os atores só precisam de um bom texto na mão."

Nessa época, eu estava cursando a faculdade de Teatro, no Conservatório Nacional. Fiz então uma adaptação de *A Farsa*, de Molière, e, em seguida, *Fando e Lis*, espetáculo de Fernando Arrabal, o que me permitiu entrar em contato com o teatro do absurdo. Arrabal é um nome muito respeitado.

Naquele momento, o general João Figueiredo era presidente do Brasil e o irmão dele, Guilherme Figueiredo, era diretor da faculdade. O general baixou uma ordem para arrancar todos os estudantes da porta da faculdade, com emprego da cavalaria. O prédio pertencia à União Nacional dos Estudantes. Eu era jovem e ia junto brigar por todos os que estavam ali. Achávamos que estávamos protegidos pelo fato de Guilherme ser irmão do presidente. Uma doce ilusão. Um dia mandaram a cavalaria e arrancaram todos de dentro na base de pancadas. Eles jogavam os arquivos de todos os grandes atores no meio da rua, nos deitávamos no chão e os cavalos pulavam.

Arrancaram tudo e jogaram na Urca, onde nasceu a Unirio. Lá nós tínhamos um professor, que era crítico superimportante, entre muitos outros. Lá se encontravam Aldomar Conrado, Barbara Heliodora e Henrique Oscar. Ali dentro conviviam os maiores nomes das artes e eu participava dessa peça. Era um jovem fazendo Molière com muita propriedade. Me lembro, por exemplo, de pedir a Barbara Heliodora que me ensinasse a linguagem shakespeariana. Eu colhia deles todas as informações que me foram úteis quando comecei nos palcos.

Descobri que a Ruth Escobar, que estava em São Paulo, não sei se em um cargo do governo, estava fazendo um movimento para trazer o Grotowski ao Brasil. Eu me candidatei à seleção para o curso que esse dramaturgo ofereceria em São Paulo e no Rio de Janeiro. Comecei a correr atrás dos professores. Tinha de cara a simpatia do grande crítico teatral, talvez o maior daquele momento, Yan Michalski. Em meados anos 1970 ele olhava com admiração aquele jovem que não parava de correr atrás tentando abrir portas.

O que está na minha memória afetiva é que eles selecionaram um grupo de jovens até os trinta anos, outro grupo de trinta a cinquenta anos e um terceiro que ia dos cinquenta anos até o infinito. Neste último grupo poderia ter Fernanda Montenegro, Sérgio Britto, Raul Cortez, Fernando Torres. No segundo grupo, poderia ter quem estava profissional: Pedro Paulo Rangel, Ângela Leal, Marco Nanini. No grupo mais jovem, a turma de que eu fazia parte: Diogo Vilela, Louise Cardoso, Lucélia Santos, Sônia de Paula...

Após ser selecionado e receber o aviso de que faria o curso, descobri que no Rio o local dos encontros seria o então SNT (Serviço Nacional de Teatro), que era comandado pelo digníssimo Orlando Miranda, dono do Teatro Princesa Isabel, um homem de suma importância para a cultura brasileira, alguém que escondeu em seu teatro gente perseguida pela ditadura militar. Eu já tinha conseguido alguns apoios para fazer algumas coisas e rodar as regiões do Rio. Sempre tive iniciativa e não fiquei esperando receber trabalho.

Eu era aquele aluno que acabava a aula e continuava na sala enquanto os outros saíam. Os professores já me conheciam e sabiam que lá vinha sabatina. Um desses docentes, o professor Guima, de artes plásticas, se divertia ao ver aquele jovem bombardeando os mestres com perguntas e anotando todas as respostas.

Teve um dia no curso em que eu estava sentado no meio do palco, ao lado de Grotowski, com aquela luz de serviço e um pouco de penumbra sobre nós, e mandei a seguinte reflexão para a intérprete dele, que vertia nossas perguntas para o francês: "O que observo é que lá fora as pessoas que trabalham com arte são produzidas por grandes empresários, capitaneadas por verbas governamentais." Expressei-me dessa forma, diante dele, porque tinha conseguido um par de ingressos, na base de suor e lágrimas, para assistir *Yerma*, de García Lorca, com um elenco espanhol. Foi no Teatro João Caetano. Consegui o ingresso a duras penas, pedindo daqui, pedindo dali, argumentando que ver tal peça seria algo importante para um jovem ator em fase de formação como eu.

Refletindo sobre essa dimensão mercadológica da arte, me virei para Grotowski e disse: "Olha à sua volta. O palco, um teatro lindo, em uma rua linda, vazio e sem nenhuma peça acontecendo no momento. Você precisa se rasgar em mil pedaços para conseguir patrocínio para encenar em um lugar como este. Quase que 80% das montagens são uma cooperativa entre os membros da equipe. Com isso se monta em uma base de cada um entrar com o que tem e apresentar o resultado. Como o senhor, professor, encara isso que falei?"

Grotowski se levantou e disse: "Imaginemos ao fundo uma cortina. Você entra em cena com o palco vazio e diz para o público: 'À esquerda uma saída que vai para um grande jardim com vista para um estábulo. À direita uma mesa de jantar com seis lugares. Ao fundo uma vista para uma varanda onde se toma chá. No centro, um banco onde toda família conversa.' Fale isso para a plateia e todas as vezes que você for para o lado esquerdo, o cara saberá que você está indo para o lado onde está o estábulo; todas as vezes que for ao fundo, ele entenderá que você está indo para a varanda. Uma vez estabelecido isso com o público, você o convencerá de que tudo aquilo existe, e toda vez que você for para esses lugares eles entenderão o que você disse antes. O resto é qualificação do ator."

Era tudo de que eu precisava para construir um percurso longo como ator.

SINHÁ MOÇA

Qualquer verbete na internet da novela *Sinha Moça* começa assim:

Monarquistas e republicanos se defrontam em Araruna, pequena cidade fictícia do interior paulista, em 1886, dois anos antes da promulgação da Lei Áurea. A história de amor de Sinhá Moça (Lisandra Souto/Lucélia Santos), filha do coronel Ferreira, o barão de Araruna (Rubens de Falco), ferrenho escravocrata, e da submissa Cândida (Elaine Cristina), com o jovem dr. Rodolfo Garcia Fontes (Marcos Paulo), um ativo abolicionista republicano, ante as dificuldades da campanha para a abolição da escravatura.

Para mim, *Sinhá Moça* foi um sonho de trabalho. Produzida e exibida pela TV Globo de 28 de abril a 14 de novembro de 1986, em 172 capítulos, essa trama de época foi a substituta do folhetim *De quina pra lua*. Quem escreveu a telenovela foi o grande Benedito Ruy Barbosa, livremente inspirado no romance homônimo de Maria Dezonne Pacheco Fernandes. Ele contava com a colaboração de Edmara Barbosa e Edilene Barbosa, e a direção coube a Reynaldo Boury e Jayme Monjardim.

Eis uma turma incrível, que me ajudou muito no início da carreira. O meu personagem tinha dois nomes, mas nunca me lembro do primeiro. Chamavam ele de Vila, em homenagem ao Villas-Boas. Com toda a visibilidade que a televisão me deu, fui chamado para grandes eventos no Brasil, para gravar campanhas em vários lugares do país. No meio da rua, as pessoas gritavam o nome do personagem. Pela primeira vez senti uma visibilidade absoluta e aprovação dos colegas e da imprensa.

EXPERIÊNCIAS DO ALÉM

Traz uma memória boa esse período de *Sinhá Moça*. Pensar nele evoca tempo de júbilos, o júbilo de arriscar e dar certo e o júbilo da descoberta. E muitos desses processos se misturam na minha história aos aprendizados da Espiritualidade.

Mamãe já era viúva. Eu e minha irmã Mari assumimos a responsabilidade pelas contas. Eu já vinha pagando o INSS dela, mas ainda faltava um tempo para a aposentadoria. Em todos os contratos que tive em televisão, recebi ao fim fundo de garantia, décimo terceiro e férias, que sempre guardei.

Guardava esse dinheiro no sonho de comprar um lugar para mim, onde sempre morei, no Leme. Essa responsabilidade era grande, pois eu tinha mamãe, um irmão caçula, uma sobrinha e apenas duas pessoas para manter isso. Fora que precisava manter minhas contas no Rio. Minha irmã me ligou um dia dizendo que iria se casar e que teria de cuidar da vida dela. Ela me perguntou como iria manter a casa e a família nova mais as coisas do lado de cá.

Eu já vinha juntando dinheiro há muitos anos. Liguei para uma amiga minha, com quem tive uma afinidade a vida inteira e altamente espiritualizada, Adayla Barbosa. Eu disse não saber o que fazer, pois sozinho não conseguiria manter uma casa no Rio e a mamãe até o momento da aposentadoria dela. Juntei o dinheiro e queria que ele fosse suficiente para comprar um canto para mim. É importante para nós do teatro termos o nosso canto. Disse que faria o que ela me orientasse.

Ela disse: "Fiote, você ainda tem muito tempo pela frente, sua mãe não tem. Cuida primeiro dos problemas da sua mãe e depois alguém vai te ajudar e você vai resolver o seu problema."

A minha cunhada, Mariazinha, tinha me contado que uma amiga dela tinha sido sorteada em um apartamento. Eu pensei se tratar da minha oportunidade. Paguei a ela e assumi a dívida. Minha mãe se mudou para esse apartamento somente com meu irmão caçula, o Alessandro. Transferi para ela o dinheiro que tinha juntado. Eu a priorizei.

Não passou tanto tempo assim. Eu tinha um amigo que era contador, para quem pedia socorro. Ele disse que minha mãe poderia se aposentar por idade, mas iria receber menos. Liguei para minha mãe e falei com ela. Ela disse que não precisava esperar mais nada. Ao sair a aposentadoria dela, uns cinco ou seis meses depois, fiquei mais tranquilo. Nessa altura meu irmão também tomou o rumo da vida dele. A aposentadoria era suficiente para ela sobreviver com tranquilidade.

Se você pegar a minha vida de ponta a ponta, sempre tem a mão da espiritualidade. A verdade é que alguém lá em cima gosta de mim ou pelo menos vê a minha dedicação. Eu vinha falando o tempo todo sobre comprar um apartamento e alguém me falou de um, que é este em que moro até hoje. Cheguei e o apartamento estava detonado. Era grande e eu estava juntando dinheiro para comprar algo mais modesto. Passou um mês ou mais, alguém falou que tinha um apartamento em um prédio e era o mesmo apartamento. Um mês depois, aconteceu de novo.

Eu pensei: "Três vezes no mesmo prédio e mesmo apartamento?" Localizei a pessoa, era uma senhora chamada Eliete e ela era dona de algumas clínicas. Marquei um horário, ela veio, sentamo-nos no chão. Ela me contou a história dela: comprou o apartamento porque pegou um outro próximo da faculdade do filho, que estava se detonando por causa de festas. Me perguntou o motivo de eu querer comprar e contei ainda estar juntando o dinheiro. Ela virou para a irmã que estava com ela e disse: "Está vendo? Esse é um bom filho. Adiou o sonho dele para deixar a mãe em condições."

Ela me falou para ir ao escritório do contador com uma proposta. Marquei um horário e quando cheguei ela estava lá com a irmã novamente. Eu tinha feito um planejamento com o quanto eu poderia dar e ir pagando aos poucos.

Nisso que estamos conversando, alguém bateu à porta e era um homem que queria fazer uma proposta. Levaram ele até ela, que disse estar conversando comigo sobre o mesmo assunto. O outro cara disse: "Não sei qual foi a oferta dele, mas seja qual for, pago X a mais." Pensei que ela fosse aceitar. Ela pediu para que aguardasse na outra sala e a irmã disse para ela aceitar a oferta da outra pessoa, que estava mais redonda.

Ela virou para a irmã e disse: "O apartamento é meu. Comprei com o dinheiro do meu trabalho. Não só esse como os outros que tenho, e quem toma essa decisão sou eu." Perguntou se eu já tinha a minha casa própria. No meio disso, eu estava em cartaz com uma peça de teatro, em Bonsucesso. Ela tinha uma clínica em frente e viu uma foto minha, no cartaz. Disse que iria me assistir.

Ela perguntou se seria a primeira vez que eu teria o meu próprio lugar. Contei novamente a história para ela e afirmei que nunca havia tido um lugar próprio. Ela disse que não tinha a menor dúvida de que o apartamento seria meu. "Não serei eu que vou impedir que você realize seu sonho." Ela me vendeu o apartamento pela metade do preço que valia um apartamento no Leme e aceitando que eu lhe pagasse nas condições que apresentei. Ela fez tudo isso e a irmã dela ficou abismada.

Eu me lembrei muito da palavra da Adayla Barbosa sobre cuidar da minha mãe e que alguém iria fazer o mesmo por mim e cuidar da minha história. Passei a ter a minha casa própria; sem a mão da espiritualidade eu não teria conseguido. Precisamos ter humildade e saber que a palavra é "nós", e não "eu".

LEME, *I LOVE YOU*

Já que contei a história de como vim parar neste apartamento onde escrevo este livro, vale rasgar uma seda para o meu bairro, fiel que sou aos ensinamentos de Tolstói: "Fale de sua aldeia e estará falando do mundo." O autor de *Anna Karenina* diz assim: "Não há grandeza quando não há simplicidade." E foi o que encontrei aqui: a arte de ser simples, de tornar simples os sopros que se fantasiam de vendaval.

Vou pedir uma licencinha para falar do pedacinho de paraíso que escolhi para morar. Não é luxo, não, é força espiritual e natural juntas. Essa história da aposentadoria da minha mãe não rompeu meus laços com ela. Muito pelo contrário, só os estreitou. E era daqui, do Leme, recém-chegado ao então novo lar (que virou para sempre), que passei a cuidar dela, de mim, do teatro e de atividades (hoje) *online* que fui criando com a doutrina espírita.

Como já contei, foram três vezes que a possibilidade de ter esse apartamento me sorriu, por conta da espiritualidade, com uma ajudinha do Mar, essa entidade que me equilibra. Vim parar aqui atrás dele, do Mar. Nasci no Espírito Santo, um estado cercado de água, perto de rios, de cachoeiras. Necessito ir para o Mar... necessito respirar.

Desde muito jovem, quando cheguei ao Rio, ouço falar do mar do Leme. Tinha todo aquele encanto por Copacabana, nos anos 1970, quando cheguei, mas foi o Leme que me fisgou. A Soninha de Paula, com quem dividi apartamento, engravidou de um namorado modelo quando a gente morava juntos. O apartamento onde nós morávamos era pequeno. Nós decidimos que ela ficaria ali com o bebê e que eu iria para outro apartamento. Sempre procurei encontrar um canto meu onde houvesse paz e todos fossem amigos de todos. Parece faz de conta, mas não é. O Rio de Janeiro tem dois bairros com esse perfil de tranquilidade e espiritualidade: a Urca e o Leme. Roberto Carlos ficou com o primeiro. Optei pelo segundo. Dois capixabas tinham de estar em pontos diferentes.

Amo o Leme mesmo, pela paz que o bairro me traz. Existem problemas nele, como há em todo canto. O Rio de Janeiro é uma cidade de contradições. Vejo amigos de classes sociais diferentes que carregam feridas de seus locais de berço, do espaço onde habitam. A vida em uma cidade como o Rio é uma autópsia em corpo vivo a cada dia. Mas existem lugares onde a barra pesa menos. Seria difícil se eu morasse em outro bairro do Rio, que fosse mais violento ou mais barulhento. Preciso do silêncio e da harmonia que as pessoas do Leme têm. Aqui a solidariedade impera. Foi por isso que fiquei. Eu já tive chance de ir para fora. Minhas peças já correram o mundo e houve oportunidade de eu voar, de ir para longe, mas a gente nunca pode ir pra longe da gente. E é aqui que me reconheço.

Aqui todo mundo me conhece. Aqui posso contar com os amigos. Aqui o padeiro me ajuda, o cara da banca paga conta para mim. Aqui me sinto acolhido e cuidado. A Associação de Moradores cuida bem de tudo.

Às vezes nem sinto o tempo passar quando estou em casa, apesar do turbilhão que se passa sob a minha janela. São os blocos de carnaval, é a turma da praia. Os restaurantes aqui têm comida boa. Já conheço as cozinheiras, os atendentes. Às vezes, tiram o pastel de Belém do forno e já me servem o mais quentinho. Esse é o meu doce preferido. Acho engraçado pensar em doce, porque em uma das peças teatrais que enceno há uma sequência em que um personagem comenta sobre doce de jaca e a plateia vem abaixo, como se fosse uma bizarrice. Mal sabem que o doce de jaca é um dos patrimônios do Espírito Santo, iguaria típica da cidade de Iconha. Mas não acho que o povo do Leme curta uma colherada de jaca mole, tampouco saiba onde fica Iconha.

O Leme é um lugar que as famílias indicam para seus parentes e amigos. As famílias vão se expandindo, tendo filhos, netos, bisnetos... e esse povo vai ficando por aqui. Não é fácil achar um apartamento no Leme por causa disso. Óbvio que não seria, uma vez que estou aqui. Quem disse que seria fácil?

DO OUTRO LADO DA VIDA, COM MAMÃE

Na semana do Dia das Mães, liguei para uma irmã e perguntei: "Dá uma sondada para ver o que mamãe está querendo de presente ou vê se tem algo de que ela esteja precisando." Minha irmã descobriu o que era e mandei o dinheiro para que ela comprasse a prenda.

Pouco antes disso, uma instituição de umas cem crianças perguntou se eu poderia fazer umas apresentações para poder ajudá-la, pois estavam passando por necessidades. Marcamos duas apresentações em um teatro na Ilha do Governador, no Rio de Janeiro. Teríamos apresentação justo no fim de semana do Dia das Mães, mas era uma causa nobre. Eles foram vendendo os ingressos e as sessões ficaram lotadas. Uns dez dias antes da apresentação, falei para eles usarem o dinheiro, uma vez que, no dia marcado, eu estaria lá para fazer o espetáculo.

Quando chegou a sexta-feira que antecedia o Dia das Mães, pouco antes de ocorrer a apresentação, acordei com uma sensação estranha e fiquei andando de um lado para outro. Alguém me dizia, aqui dentro de mim, que precisava ligar para minha mãe. Resolvi parar tudo e ligar para a casa dela. Só que ninguém atendeu. Achei que ela talvez estivesse na casa de uma das minhas irmãs. Não estava. Minha irmã disse que ela tinha ido para outro lugar, de que já não me recordo. Liguei para esse tal lugar, mas ela tinha saído de lá com um grupo de pessoas. Foi um jogo de gato e rato o dia inteiro. Eu procurava por ela e... nada.

Fui cuidar da minha vida, mas acontecia de aquela tal voz, espiritual, insistir para que ligasse para mamãe. Finalmente lá pelas 19 horas daquele dia, liguei e ela tinha acabado de chegar em casa. Sempre que ela atendia o telefone eu pedia a bênção para ela, que me respondia: "As minhas bênçãos de mãe para você, meu filho."

Mas não foi isso o que eu ouvi. O corpo que me atendeu era o de mamãe, mas havia algo estranho com ela. O que eu ouvi, do outro lado do fone, parecia com a minha mãe, tinha o jeito de minha mãe ao falar, mas não era a voz dela. Era como se faltasse alguma coisa naquela voz. Era ela, mas parecia que não era.

Desliguei o telefone muito preocupado, com aquilo na cabeça, e liguei para um irmão meu. Ela estava sozinha em casa. Falei: "Acho bom você ir lá e ficar com mamãe ou levar ela para aí." Ele falou para mim: "Imagina, ela está pura felicidade. Estava na casa do tio fulano, recebeu a aposentadoria dela." Eu disse para ele prestar atenção e não deixar mamãe sozinha. Talvez, pelo jeito enérgico com que falei, ele resolveu procurá-la e depois levou-a para um hospital.

Os médicos fizeram exames nela e, aparentemente, não detectaram nada no momento. Disseram para ela ficar lá, pois no dia seguinte iriam submetê-la a mais exames. Ela disse assim: "Não. Vou para casa e amanhã venho aqui na hora que o senhor está marcando. Para que vou dormir aqui?" Meu irmão voltou com ela para casa, mas, quando chegou no meio do caminho, achou por bem não a deixar sob cuidados médicos.

Mamãe acabou na casa de uma irmã minha, a Dora. Fui dormir, mas, quando acordei pela manhã, muito cedo, o telefone tocava insistentemente. Quando acordei e abri os olhos, pensei: "Ai, ai, ai, ai,ai. Mamãe desencarnou." O telefone tocou muito e eu pensei: "Vou ter de me levantar, mas já sei o que aconteceu. Mamãe morreu."

Eu me levantei. Era minha irmã Marinete no telefone. Eu falei: "Vamos direto ao assunto. Mamãe morreu?" Ela fez um breve silêncio no telefone e depois disse: "Sim, é isso." Falei que queria ficar quieto e sozinho e que, depois de um tempo, ligaria de volta para ela. Desliguei o telefone e fiquei em casa pensando. Já era sábado. Como disse no começo dessa história, era véspera do Dia das Mães. Como costumo repetir: "E quem disse que seria fácil?" Até nessa hora, o luto materno, as coisas foram difíceis. Mamãe foi enterrada no Dia das Mães. Eu tinha um conflito dentro de mim, pois tinha as duas apresentações para fazer no teatro. Estavam agendadas. Os ingressos estavam vendidos. Pensei: "Vou cancelar os espetáculos? Espírita que sou há tantos anos, sei que ela já não está mais lá. Ela já fez a jornada e está só o corpo." Fiquei me perguntando: se eu compartilhasse esse conflito com ela, o que mamãe diria? Mas, dentro de mim, já tinha a resposta. Mamãe diria, sem dúvida alguma, para eu cumprir com o meu dever. Decidi, então: "Eu vou fazer as apresentações, a bilheteria vai ajudar a salvar essa instituição e essa é a melhor homenagem que posso fazer para mamãe." Vou pedir, inclusive, que todos pensem nela e orem por ela. Vou fazer o que ela me diria.

Fui fazer os espetáculos. Mas, antes, expliquei aos meus irmãos sobre a minha decisão e eles compreenderam a minha ausência. Não comentei com ninguém da equipe, para não alterar a emoção das pessoas.

Passado um tempo, comecei a ficar questionando se fiz o certo ou não. Fui o único que não esteve presente na despedida dela. Aquilo começou a virar uma bola de neve dentro de mim e acho que, no fundo, comecei a sentir certa culpa por não comparecer.

Lembra daquele meu amigo espiritual, de quem falei pra vocês mais cedo, o das feições indianas, o Haisha? Falei com ele que a gente deveria resolver esse problema, por estar me sentindo culpado e pouco à vontade. Pedi para ele ver se era possível eu me encontrar com mamãe durante o meu sono, para conversar com ela. Isso foi muito depois do enterro, do Dia das Mães e das tais apresentações, que, aliás, foram um sucesso. Já tinha bastante tempo que ela tinha desencarnado.

Uma noite, eu estava em sono profundo e ele falou que, naquela ocasião, eu iria me encontrar com ela. Eu disse que iria ficar muito emocionado e que não deveria ir. Era aquela dúvida natural, ou insegurança, que apareceria em qualquer pessoa. Mas aceitei cumprir com a vontade da Espiritualidade. Fui capitaneado por ele, levado em sono profundo. Cheguei a um lugar muito lindo, com casas lindas, com flores lindas. Quando cheguei, ele disse que era ali que ela estava.

Quando ele disse isso, todas as portas da frente se abriram. Eu tinha visão total do ambiente. Entrei e ela estava nos fundos de uma casa, sentada em um sofá. Ao me ver ela se levantou, abraçou-me e disse: "Meu filho, não fica com isso na sua cabeça. Você tinha razão. Eu não estava mais lá. Você fica com essa culpa por não ter podido comparecer ao enterro, mas você sabe que eu não estava lá. Sei que você fez tudo aquilo em homenagem à minha história com você. Recebi as energias de toda a homenagem." Eu fiz algumas perguntas íntimas. Mamãe tinha uma pessoa, que eu não conhecia, acompanhando-a, sempre a seu lado. Antes de falar, ela olhava para ele, que a autorizava a responder algumas coisas. Conversamos um pouco sobre alguns assuntos. Em um momento, ela me abraçou muito e falou: "Você não tem ideia do quanto sou cumprimentada aqui pelo fato de ser sua mãe, pelo trabalho que você realiza na terra, pelos trabalhos que você faz. Fique em paz e continue com essa sua missão."

Das muitas vezes em que a Espiritualidade me sorriu, essa talvez tenha sido a vez em que o sorriso foi mais bonito.

UMA CIDADE EM MUTAÇÃO

Doeu a morte de mamãe. Nosso engajamento com o Espiritismo torna o entendimento da morte algo mais brando, fato. Mas perdas doem. Sempre doem. Mas a vida seguiu. Minha vida nunca esteve estagnada. A arte não deixou. Os espíritos não deixaram. Paralelamente à vida que comecei no Leme, sempre rodeado de amigos, fui correndo o país — passeando também por outros países, sobretudo na América Latina — com peças e via meu rosto ocupar as telinhas com experiências que fazia em telenovelas e especiais, sobretudo na Globo. Mas nunca deixava de notar as mudanças deste Rio que amo e as mudanças no teatro que se firmava com propostas revolucionárias na vida cultural carioca. Encenava meus espetáculos, das mais variadas vertentes, pouco antes de *Além da vida*, em um momento em que o Rio de Janeiro acolhe a explosão cômica do Asdrúbal Trouxe o Trombone, com toda a sua picardia. Isso foi lá nos anos 1970, quando Nina de Pádua e Perfeito Fortuna, meus amigos de Conservatório, integravam uma trupe genial. Via sempre a estimada Fernandona brilhando nos palcos. Sua atuação em *As lágrimas amargas de Petra von Kant*, uma peça do cineasta alemão Rainer Werner Fassbinder, aqui dirigida por Celso Nunes, foi um marco. Da mesma forma, vi o besteirol se firmar, consagrando uma estética do riso que demolia os fantasmas morais (e moralizantes) ainda conectados à ditadura militar. Miguel Falabella galgava céus de brigadeiro entre a encenação de *Lucia McCartney* (adaptação de Geraldinho Carneiro para romance de Rubem Fonseca) e os sucessos de sua própria dramaturgia. Estamos aí entre o fim da década de 1970 e o início dos 1980. Pouco depois, vi e vivi a chamada Era dos Encenadores, em que uma leva de novas diretoras e novos diretores ganhou os palcos a partir de novíssimos processos de construção cênica. Bia Lessa, Ulysses Cruz, Moacyr Góes. Todos esses talentos brilhavam ali. O Rio ainda respirava a leveza das peças de Flávio Marinho e se embebedava do vinho nietzschiano de Gerald Thomas em seus espetáculos iconoclastas, tipo *Electra Com Creta*. Assim foram os anos 1980 e 1990.

Nos anos 2000, novos teatros, como o Poeira e a Sala Baden Powell, abriram suas portas e vimos Aderbal Freire Filho dirigir uma série de peças lendárias, ao mesmo tempo em que Felipe Hirsch estourava os rojões da invenção, nos palcos e no coração da crítica. Vi nesse tempo a classe teatral brasileira progredir — e ainda vejo — com muita alegria. A evolução de nosso teatro era algo notável e fazia o Rio evoluir junto com cada peça montada na cidade que adotei como lar. Eu estava nesse processo, buscando meu caminho com o teatro, como ator, diretor e produtor, tentando entender meu espaço, tentando fazer a minha investigação cênica e tentando evoluir na minha exploração dos mistérios do mundo espiritual, por meio da palavra encenada. Assim fomos, assim somos, assim vamos. Sempre vi nos olhos dos meus colegas respeito por mim, por eu não mudar o meu foco, pela minha retidão nas escolhas temáticas que fiz, pela minha dedicação e pelo meu comprometimento com a Espiritualidade — nos palcos e fora deles. Uma vez a Fafy Siqueira, grande comediante, querida colega e amiga, me disse: "Renato, você não é um tema, você é uma grife." Bom, agradeço e tento fazer jus ao elogio.

CINEFILIA

Enquanto estive atento às transformações do teatro, no Rio e no resto do país, o cinema não me escapou. Sempre frequentei muito as salas de exibição de onde quer que eu morasse. Lembro do Sérgio Cardoso em *Os herdeiros*, de Cacá Diegues. Tenho até hoje a lembrança do espanto que experimentei diante da força estética de *Um certo capitão Rodrigo*, uma adaptação do romance de Érico Veríssimo feita no início dos anos 1970 por Anselmo Duarte, com o Francisco Di Franco e Elsa de Castro. Também do Anselmo, *Quelé do Pajeú* me encantou bastante com o desempenho espetacular de Tarcísio Meira. Agora, pensando em filmes estrangeiros, *2001: uma odisseia no espaço*, do Kubrick, foi um xodó: vi três vezes. *Amor, sublime amor*, de Robert Wise e Jerome Robbins, vi umas três vezes também, assim como o *Romeu e Julieta*, de Zeffirelli. Do Bergman, *O ovo da serpente* é um dos meus preferidos. Tudo que era considerado relevante eu vi. Em Vitória, o cinema que eu mais frequentava era o Cine Santa Cecília, no parque Moscoso. Estava lá nos clássicos que nos chegavam entre o fim dos anos 1960 e o início dos 1970. No Rio, o Cine Veneza, na saída da Urca, era um lar. O Roxy também era meu lugar. Mas a minha relação de cinéfilo se expandiu quando comecei a trabalhar como ator e arriscar papéis aqui e acolá, bem antes de ganhar o protagonismo absoluto em *Nosso lar* e em sua continuação, *Os mensageiros*. Tem umas historinhas divertidas envolvendo a minha presença nos *sets*. Uma delas envolve o saudoso Hugo Carvana, figura queridíssima. Foi no comecinho dos anos 1980. Eu estava duro, duro, duro, com o aluguel atrasado uns quatro meses, sem ter como quitar dívida alguma. Soube que Carvana estava arregimentando um elenco enorme para o longa-metragem *Bar Esperança – o último que fecha*, lançado ali por volta de 1983. Fui conversar com ele para pedir um papel. Ele disse: "Renato, já está tudo fechado, mas vai ter espaço para atores transitarem pelo bar, entre as mesas e os balcões. Mas é tipo participação afetiva, quase figuração. Não acho justo com você." Bom, como eu estava vivendo um momento de destaque no teatro e na TV — interrompido brevemente só por um hiato, comum na vida dos atores, de uma entressafra entre trabalhos — aquilo de fazer figuração não era mesmo uma coisa legal para mim. Era meio queimar a minha imagem. Ouvi, com respeito, o carinho do Hugo comigo. Ele entendia o meu caso. Mas falei a verdade: "Tenho conta pra pagar, companheiro." Daí ele veio com uma saída: "Bom, eu te boto nessa participação, mas você dá seu jeito de não aparecer na tela, para não dar na pinta de que é só uma apariçãozinha." Ora, combinado não sai caro: topei a proposta, gravei durante dez dias, quase sempre escondendo meu rosto com a mão; abaixando a cabeça quando a câmera passava, simulando que deixava um guardanapo cair; ficando de costas. Enfim, naqueles dez dias, juntei o que necessitava e dei o fora do filme. Nem o meu nome aparece nos créditos. Caso você assista a essa maravilha de filme — vai por mim, é um dos longas mais tocantes dos anos 1980, com a Marília Pêra brilhante em cena — nem perca tempo me procurando na tela: sou bom em me esconder. Nesse tempo, voltei a fazer isso em um outro filme, esse dos Trapalhões, cujo título nem lembro, com a ajuda de um produtor amigo. Resultado: as contas foram pagas.

Fotos: acervo do autor

Papai e mamãe no dia em que se casaram, vestidos com "roupa de segunda hora", como chamavam na época, para recepcionar os convidados depois do casamento na igreja.

Em família (Vitória – ES). Da esquerda para direita, Vanderli, Sandro, Berná, Dora, eu, mamãe e Mari. Nos destaques, Wando e Carlete.

Período em que morei no Parque União, Rio de Janeiro. Foi uma fase difícil, mas de muito aprendizado.

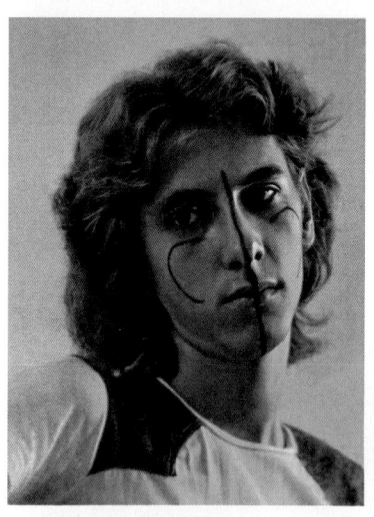

Cena de *LÁ*, um monólogo difícil no qual me atirei pela experiência (Teatro Carlos Gomes – ES).

Com Sônia de Paula, amiga de toda vida, no lançamento de "Trem Noturno", episódio de *Plantão de polícia*, na TV Globo, do qual fui protagonista.

Foto-publicidade para uma marca de moletom.

Crachás que guardei dos meus contratos com a TV Globo.

Meu contrato na TV Globo foi renovado e Lúcio Mauro me deu um quadro fixo no programa *Humor livre*.

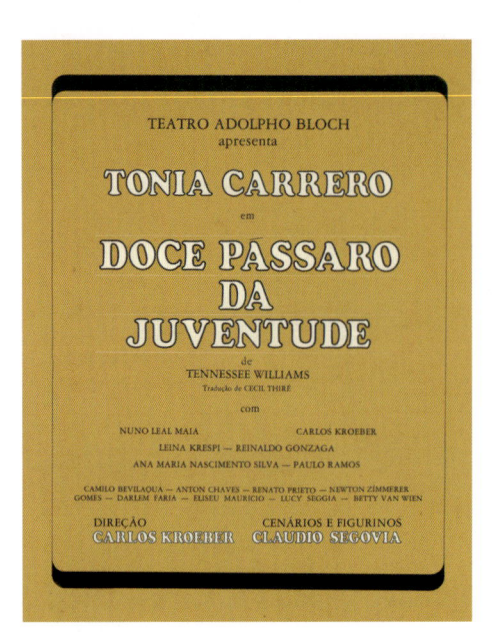

Programa do espetáculo que fiz com Tônia Carrero, no Teatro Adolpho Bloch, mais conhecido como Teatro Manchete.

Mais um contrato renovado com a Globo e a participação num quadro fixo no programa de humor *A festa é nossa*. Na foto, com Carlos Leite e Marta Anderson.

Sobrevivi durante um longo período atuando em fotonovelas, que faziam muito sucesso. Esta foi para a revista *Sétimo céu*.

Com meus amigos, o maestro Ivan Paulo e a atriz Arlete Salles, quando fui assistir à gravação de um disco da Beth Carvalho.

Na comemoração do aniversário de Elza Soares, com Lúcio Mauro e Ray Luiza, sua esposa.

Fotos: Marfisa Bertora

Com meu diretor Augusto César Vannucci, no saguão do Teatro Vannucci (RJ), onde estava apresentando o espetáculo *Além da vida*.

Com a cantora Alcione, que sempre me chama de meu loiro, quando ela foi me assistir no Teatro da Praia (RJ).

O ator Alexandre Barbalho e a então prefeita Luiza Erundina, na temporada de São Paulo do espetáculo *Além da vida* (Teatro Brasileiro de Comédia).

Fotos: acervo do autor

Com a atriz Cristina Mullins, na casa do diretor Reynaldo Boury, comemorando estreia novela *Sinhá Moça*.

Como galã na primeira versão de *Sinhá Moça* (1986), novela de Benedito Ruy Barbosa.

Minha estreia como protagonista nos palcos do Rio de Janeiro foi no espetáculo *A farsa*, de Molière (Teatro Glauce Rocha – RJ).

Gatão de Sinhá Moça *sobe o morro*

Renato Prieto, o Vila da novela *Sinhá Moça*, não é um defensor dos fracos e oprimidos apenas na fictícia Araruna. Quando não está nos estúdios globais, o ator sobe ao Morro do Juramento, no Rio, para fazer palestras e distribuir comida e remédios para os favelados.

Foto: Nilton Alves

Reportagem na revista *Contigo!*

A varinha do faz de conta, espetáculo premiadíssimo, dirigido por Hugo Sala (Teatro Glaucio Gill – RJ).

Fotos: acervo do autor

Espetáculo *Vivaldino*, de Millôr Fernandes (Teatro Casa Grande – RJ), com Grande Otelo, meu amigo da vida inteira, e dirigido pelo premiadíssimo José Renato.

Com Marilia Danny, Angela Britto e Paulo Ernany em *Lembranças de outras vidas* (Teatro Galeria – RJ). O espetáculo fez um estrondoso sucesso e me rendeu um prêmio de melhor diretor.

Com Lúcio Mauro, meu pai do coração, em *Além da vida* (Teatro São Pedro – RS).

Foto: acervo do autor

Remontagem comemorativa dos 15 anos do espetáculo *Além da vida* (Teatro José de Alencar – Fortaleza).

Foto: acervo do autor

Com o grande amigo Chico Anysio na estreia do espetáculo *Inimiga pública número 1* (Teatro Itália – SP), escrito por ele e dirigido por mim.

Foto: Marco Antônio Gambôa

Com Marcello Antony, Mônica Torres e Cristina Prochaska, quando foram assistir ao espetáculo *Allan Kardec*, no Teatro dos 4 (RJ).

Com Suely Franco, Marcelo Picchi, Cristina Prochaska, Rogério Fabiano, Fátima Freire e Cyrano Rosalém, depois do espetáculo *Allan Kardec* (Teatro dos 4 – RJ).

Foto: Marco Antônio Gambôa

Cristina Prochaska, Elba Ramalho, Rogério Fabiano e Vânia de Brito nos bastidores do mesmo espetáculo no Teatro dos 4 (RJ).

Foto: Marco Antônio Gambôa

Espetáculo *Um olhar para a eternidade*, com minha irmã de coração, a talentosa Tina Ferreira, neta de Procópio Ferreira, filha da grande Bibi Ferreira (Teatro imprensa – SP).

Foto: acervo do autor

Espetáculo *E a vida continua*, minha primeira produção sozinho (Teatro Vannucci – RJ).

E a vida continua (Teatro Vannucci – RJ), com Simone Alt.

Uma das reportagens sobre *E a vida continua*, espetáculo baseado no livro psicografado por Chico Xavier.

No quarto ano de sucesso do espetáculo *E a vida continua* (Teatro Carlos Gomes – ES)

Foto: acervo do autor

Passei um dia inteiro no estúdio para chegar a este belo resultado. A foto é da talentosa Marcia Monjardim.

Fotos: acervo do autor

Espetáculo *Vidas passadas*, de Cyrano Rosalém. Um estrondoso sucesso que excursionou por todo o país.

Cena emblemática do espetáculo *Vidas passadas*.

O espetáculo *Vidas passadas* ficou quatro anos em cartaz e já foi negociado para o cinema, para virar filme.

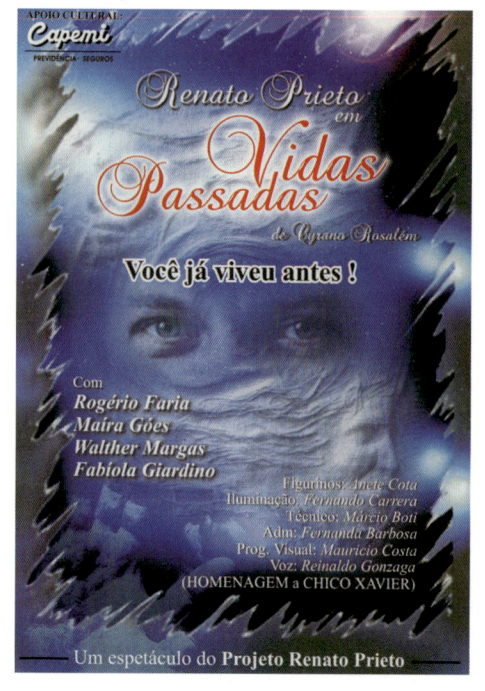

Espetáculo *Inimiga pública número 1*, estrelado pela talentosa Geórgia Gomide (Teatro Itália – SP), última comédia escrita por Chico Anysio.

Grande personagem Fortier (Teatro Paulo Autran – SP).

Foto de divulgação para o espetáculo *O semeador de estrelas*, junto com meu amado e grande incentivador Divaldo Franco, um dos mais respeitados médiuns brasileiros.

Fotos: acervo do autor

Foto: acervo do autor

Foto de capa do programa do espetáculo
Quem é morto sempre aparece.
Felizmente mudei pouco desta época
até os dias de hoje.

Na capa do Segundo Caderno
do jornal *O Globo*, com a estreia
nacional do filme *Nosso lar*.

Minha primeira incursão como *showman* na bela comédia
Quem é morto sempre aparece (Teatro Bela Vista – SP).

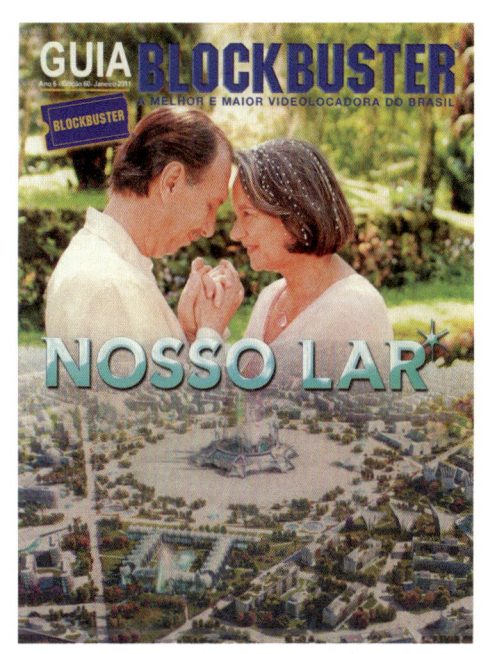

Com a grande Selma Egrei, que fazia a mãe do meu personagem André Luiz.

Foto feita na Quinta da Boa Vista (RJ) para divulgação do filme *Nosso lar* (2010), que explodiu no gosto popular já na primeira semana de exibição e vendeu quatro milhões de ingressos em todo o país.

Em *Encontros impossíveis*, espetáculo escrito por Rodrigo Fonseca e dirigido por Gustavo Gelmini. Recebi muitos elogios pela interpretação do personagem Adão e fiz uma temporada de muito sucesso na Broadway.

Cartaz da peça *Encontros impossíveis*. Comigo em cena o ator Victor Meirelles.

Foto: acervo do autor

Com meu amado e grande incentivador Chico Xavier, no dia do seu aniversário de 90 anos, comemorado em abril de 2000 (Uberaba – MG). Fiquei muito honrado com o convite.

Foto: Rogério Faria

Foto para o cartaz de divulgação de *Chico Xavier em pessoa*, espetáculo escrito por Rodrigo Fonseca e dirigido por Rogério Faria Jr.

LITURGIA TEATRAL

Com a lanterna de Tolstói ligada, tento pensar a minha profissão a partir de certos procedimentos. Esse autor teatral que me serve de anjo da guarda diz: "O segredo da felicidade não é fazer sempre o que se quer, mas querer sempre o que se faz."

Quando comecei a atuar nos espetáculos, percebi que fazia o mesmo que todos. Tudo muito igual. Questionei se não poderia fazer diferente, já que eu tinha comigo a doutrina espírita. Achei que poderia ser muito mais útil se eu levasse textos com qualidade, de conteúdo humanista e ambições de reflexão metafísica, para o teatro. Queria valorizar o que temos de mais essencial, valorizar nossa conexão com o mundo espiritual e abrir um debate sobre o quanto a vaidade e a mesquinharia do apego absoluto à matéria nos leva ao precipício.

No momento em que eu fazia muito sucesso no Shopping da Gávea, com uma peça no Teatro dos Quatro, a Fernanda Montenegro estava em cartaz no Teatro Clara Nunes, o Marcos Nanini estava no Teatro Vannucci e o José Wilker estava com o Ney Latorraca no Teatro das Artes. Nós nos encontrávamos na garagem, pois chegávamos ao mesmo tempo. A Fernanda comentava sobre o barulho e o teatro cheio, eu dizia que o meu não estava tão cheio quanto o dela. Subíamos o elevador falando sobre como tinha sido o dia anterior. Cada um de nós estava no seu teatro fazendo sua peça com qualidade e ocupando o seu espaço, mas cada um de nós estava ali com um tema. A Fernanda falando sobre solidão humana, o Nanini falando sobre identidade, os outros sobre política e eu falando sobre espiritualidade. Nenhum de nós competia(?) entre si. Dava para ver que havia respeito.

Quando vou montar um espetáculo, o meu objetivo é ir aonde está o profano. Graças a Deus sempre escolheram me assistir. Gosto de ficar no teatro de rua ou de shopping porque acho que a pessoa ali não tem um posicionamento muito definido sobre suas escolhas pessoais. Pode ser atraída por curiosidade, pela história que ouviu ao meu respeito ou por ser uma peça psicografada por Chico Xavier. Hoje, o meu nome sozinho já dá resultado, mas se for agregado a um texto ditado por um espírito e psicografado por algum médium respeitado, seu alcance será ainda maior. Quando me preocupo com a qualidade de um trabalho, penso primeiro no que estarei dizendo de novo nesse texto que vou encenar para as plateias. Segundo, depois de tantos anos de profissão, preciso continuar a surpreender as pessoas, sempre. Você precisa considerar que, quando comecei, ainda jovem, havia uma plateia ali que se encantou pelo meu ferramental cênico. Mas ferramental é algo que um ator amplia com o passar do tempo. Vamos supor que uma determinada pessoa que foi me assistir, lá atrás, com os filhos, vai, com certeza, ver outra versão minha mais adiante. As pessoas sempre voltam para me ver quando me assistem com o coração aberto. Alguém que me viu no palco nos anos 1980, voltou nos anos 1990, nos anos 2000 e volta hoje. Agora, retomando aquele exemplo lá de cima. A tal pessoa que foi me prestigiar, viu seus filhos crescerem. E ela volta com eles já crescidos para me prestigiar uma vez mais. Por vezes, esses filhos já vão com as namoradas. Depois, eles voltam já casados e com filhos. Ou seja... há uma passagem de bastão na relação com a minha obra. São eles que vão contando minha história. E isso vai sempre ocorrer porque eu jamais deixo de surpreender a minha plateia. Não por acaso, em meio ao mar de cabeças já grisalhas, de muitas primaveras, que me segue, há sempre um lastro enorme de juventude contemplando a dramaturgia que eu enceno. É por isso que sinto — cada dia mais — que estou no caminho certo. Quem dá o caminho ao ator é a plateia.

O meu sobrinho, Enzo, levou todos os amigos da escola para o teatro e fez com que todos os amigos comprassem ingresso. Quando acabou o espetáculo, eu estava falando com todo mundo e detectei meu sobrinho com o bando dele. Todos pareciam felizes com o que tinham visto. Aquilo que estiver sendo dito no palco precisa tocar todas e todos de modo vertical, horizontal, em todas as latitudes. Sabedoria tem quem fala algo que possa ser entendido democraticamente tanto por um analfabeto quanto por um intelectual. Quando vou montar um trabalho, penso sempre que é preciso ter modernidade, pois o público jovem precisa ter curiosidade para querer ver quem é esse cara de quem a mãe ou o avô falou. Os filhos precisam ir levando suas namoradas, pois os pais foram quando eram namorados. Ouço isso o tempo todo e é isso o que me movimenta. Fui o primeiro a montar um espetáculo espírita com humor.

E quem disse que seria fácil?

Numa sociedade com tanta diferença comportamental, eu tinha de me preparar para os ataques que poderia receber. Tinha de me preparar para a turma do contra, para a intolerância religiosa. A carreira do artista como um todo já é uma dificuldade do tamanho de Paris. Se o sujeito resolve ingressar nessa carreira cheia de dificuldades para atingir o topo, fazer sucesso não é o mais difícil, dificílimo é fazer sucesso e continuar lá. A parte mais difícil é você ultrapassar barreiras em todos os meios de comunicação que deveriam ser os primeiros a dar exemplo de todos os tipos de tolerância. Eu já ouvi algumas vezes alguém dizer que vai fazer uma matéria sobre o cara que fez o *Nosso lar* e logo vir a resposta: "Ah, é o Renato Prieto!"

Mesmo no meio de pessoas com escolhas filosóficas ou não, quando citam o meu nome por conta da história é diferente. Fui varando isso e, ultrapassando essa barreira, consegui caminhar. Imagine uma pessoa formada em universidade que resolve adicionar como ingrediente a seu trabalho um negócio complexo envolvendo coisas que vão bater de frente com pessoas intolerantes. Consegui vencer cada um com trabalho, silêncio e qualificação, e assim fui andando. Mas muita gente me ajudou a andar.

ALÉM DE VANNUCCI

Que gigante foi o Augusto César Vannucci. Mineiro de Uberaba, ele nasceu em 11 de janeiro de 1935 e, ainda menino, começou no mundo artístico, na rádio local. Chegou a ser discotecário, locutor e imitava o cantor Vicente Celestino. Sua voz não era aquele estrondo que a gente ouvia em "O ébrio", não. Tinha algo de manso. Leve. Ainda adolescente, ele foi para o Rio de Janeiro com a mãe e venceu um concurso no programa de calouros *Hora do pato*, da Rádio Nacional. Fez testes com o teatrólogo Paschoal Carlos Magno, recitando um texto de Catulo da Paixão Cearense. Passou para fazer História. Ingressou no teatro de revista, onde teve carreira produtiva e diversa, na frente e atrás dos palcos. Como ator ou diretor, trabalhou em mais de 50 espetáculos ao longo da vida, destacando-se sobretudo em comédias musicais.

No cinema, brilhou nas chanchadas, em filmes com Oscarito e Mazzaropi, dois reis da bilheteria. Segundo o Internet MovieDatabase, ele atuou em 15 filmes entre os anos 1950 e 1970. Na TV, teve passagens pelas extintas TV Rio e TV Excelsior, antes de entrar na Globo, onde estreou como apresentador do programa *Câmara indiscreta* (1965). Fez bonito como ator, mas logo passou à direção, a partir de 1966, com o humorístico *Canal 0*, apoiado no carisma de Paulo Silvino. Fez narrativas lendárias, como *Oh, que delícia de show* e *Mister Show*, programa de auditório apresentado por Agildo Ribeiro, que alternava calouros-mirins e quadros humorísticos. Depois de *Faça humor, não faça guerra* (1970), ajudou a trazer Renato Aragão (Didi), Manfried Sant'Anna (Dedé), Antônio Carlos Bernardes Gomes (Mussum) e Mauro Gonçalves (Zacarias), os Trapalhões, para a Globo. Não por acaso, o programa dominical do quarteto, que estreou em 1977, teve direção inicial dele.

Tenho uma admiração muito grande por Augusto César Vannucci. Foi ele quem botou a pedra fundamental na edificação de um filão espírita — de rigor estético — na dramaturgia nacional. Foi ele quem fomentou o caminho que artistas como eu abraçamos como profissão de fé na arte. Estive num único encontro, em que em sono, na espiritualidade, eu teria de me encontrar com uma pessoa nessa situação. Era uma pessoa desencarnada. Não posso entrar em maiores detalhes para não expor a vida dessa pessoa, mas era um encontro que tinha de acontecer. Ficou combinado que esse encontro seria capitaneado por algumas pessoas que eu conhecesse. Uma dessas pessoas era o Felipe Carone e o Vannucci acompanhava. Quando me aproximei, ele me disse: "Você sabe uma coisa que me pergunto o tempo todo? Como você estava ao meu lado o tempo todo e eu não te reconheci?" Isso eles estavam desencarnados. "Como posso ter convivido tantos anos com você e não ter enxergado que era você?"

Quando a gente está mergulhado no corpo muita coisa pode passar despercebida. A gente estava no trabalho, à medida que vocês foram retornando ao plano espiritual foram me entregando o bastão que fui levando adiante. Ao longo da minha vida, nunca fui uma pessoa que ficasse incomodando amigos ou protetores espirituais com situações que eu poderia resolver. Não acho correto ficar o tempo todo tendo de incomodar alguém ou alguma coisa no plano espiritual com algo que tenho de fazer para melhorar. A minha relação acaba sendo extremamente democrática e respeitosa, eles sabem que quando peço ajuda é porque existe procedência. Às vezes preciso entrar num teatro e vejo resistência na administração e detecto logo o motivo disso. Com frequência, trata-se de intolerância religiosa. Vejo no olhar que é uma intolerância. Num momento desses, busco ajuda espiritual para conseguir dar a volta em quantas curvas forem necessárias.

PRIMEIRA FILA

Quando se é jovem, senta-se na primeira fila do teatro. Todo palco tem uma escada que dá acesso a ele. Digamos que você esteja sentado na primeira cadeira. Você está a um metro do palco, mas precisa de uns bons 20 anos para subir nele. Você é apenas uma pessoa ali e precisa merecer ocupar aquele espaço.

As pessoas prometem fidelidade aos deuses do teatro e, no meio do caminho, se desviam. As divindades da tragédia e da comédia dizem: "Àqueles que me prometerem fidelidade: passaremos alegrias e sofrimentos juntos, mas nada lhes faltará." Sempre fui fiel aos deuses das artes, não me deixei corromper por nada. Se a situação não estava boa, eu me retirava do ambiente. Às vezes é melhor dar uma volta de vinte anos do que ter vergonha da forma que estamos ocupando aquele espaço.

Aliás, na minha carreira tive poucos problemas com diretores. Coisas complicadas mesmo aconteceram apenas com dois. Um deles posso dizer quem é porque o final foi legal. Mas o primeiro diretor, cujo nome não vou mencionar, era conhecido por gritar com todo mundo. Na primeira vez que ele foi deselegante comigo, chamei-o a um canto e disse: "Todo mundo diz quem você é e que age dessa maneira. Sabe por que você age assim? Porque eles permitem. Agora, eu não autorizo você a fazer isso comigo. O livre-arbítrio sou eu." Ele parou, não me respondeu nada e me respeitou a vida inteira. E acabei fazendo vários trabalhos com ele.

O outro foi o Walter Avancini. Ele trabalhava com um produtor chamado Carlos e era um comercial para a Som Livre, com cachê fabuloso. Eu falei com o Carlos que não tinha certeza se queria, mas ele me convenceu a aceitar. Eu fui, cheguei na hora, comecei a gravar. Pararam a cena por conta de um problema. Levantei a mão e pedi para dar opinião. Falei que o erro estava no refletor e o Walter pediu para mudá-lo para o local que eu havia indicado. Depois, ele chamou os produtores e falou para me levarem para jantar, num gesto de gratidão.

COMEÇO NA TV GLOBO

Um dia fui assistir a um espetáculo com uma moça chamada Lélia Fraga, produtora da TV Globo. Ela me chamou para conversar, pois iriam fazer uma Quarta Nobre só com jovens e acreditava que teria um trabalho para mim. Eu tinha uns 25 anos ou menos, talvez uns 23. A Lélia mandou eu ir à emissora no fim do expediente para conversar com o Ziembinski e o Paulo José. Ali, fiquei sabendo que a turminha que estava sendo chamada era Diogo Vilela, Paulo Paraná, Sura Berditchevsky, Louise Cardoso. E eu estava inserido nesse grupo.

Então fui fazer um teste para um papel com aquele mestre, aquele gigante: o diretor e ator Zbigniew Ziembinski, nosso eterno Zimba. Quando cheguei, começamos a conversar e um assunto foi levando a outro. Só sei que, num determinado momento, ele recitou para mim "To be or not to be" ("Ser ou não ser") em polonês. Fiquei muito emocionado. No final, o Paulo José, que também estava presente, falou que não tinha necessidade nem de fazer teste.

Veja onde fui parar no primeiro encontro com a Tônia Carreiro. Nessa época, eu estava morando no Bairro Peixoto, em Copacabana, dividindo apartamento com a Sônia de Paula. Ela sempre aparece na minha vida. E é uma pessoa incrível, pela qual tenho carinho e afeto especial. Em todos os primeiros sonhos de cada um, o outro estava presente.

Gravei comerciais para vários estados.

Numa dessas fases de maior visibilidade, fui chamado para fazer um teste para protagonista num programa que seria dirigido pelo Reynaldo Boury. Era um programa chamado *Caso verdade*, da TV Globo. Cinco capítulos seguidos, de segunda a sexta. Chamaram a Elizângela e a mim, e passei no teste. Tinha muitas cenas, de externa e de estúdio. Naquela semana fiquei no ar cinco dias no horário nobre.

Quando acabou a novela, já tinha passado por algumas coisas dessas que você não gosta de ver e onde a palavra "eu" está em primeiro lugar. Então já não queria muito ficar ali. Estava morando na praia do Leme. Sentei-me naquela pedra chorando e me questionando. São coisas que a gente não deveria ver no ato de representar.

Só que, para sair da Globo, eu primeiro precisava me garantir. O Vannucci tinha ido para a TV Manchete, mas não era a pessoa certa para me indicar. Naquele momento, o José Wilker era o diretor de elenco. Fui chamado por ele e por uma moça que fazia a produção de elenco das novelas infantis do SBT. Eles iriam gravar a novela *Corpo santo*, de José Louzeiro, com a Christiane Torloni, o Herson Capri e a Lídia Brondi. Tinha um personagem francês que, acharam eles, tinha o meu perfil. Decidiu-se que já iriam fazer a minuta de contrato.

Vannucci me chamou para conversar durante a novela. Disse que teria um quadro fixo com a Scarlet Moon de Chevalier, baseado naquela personagem de tirinhas de jornal do Angeli, a RêBordosa, e eles resolveram levar esse personagem para a TV. Eu ficava fazendo a novela e gravava esse quadro também. Foi uma novela que fez muito sucesso. Lá do meio para o fim das gravações, eu já não estava achando tudo tão bacana, pois havia uns atrasos salariais. Perguntei qual era a relação de uma amiga minha, a Cida (que foi casada com o ator do filme *Pixote*, Fernando Ramos), com o José Louzeiro. Ela marcou um almoço e fomos nos encontrar. Ali eu pedi, por favor, para ele matar meu personagem. Louzeiro, então, disse que iria me dar uma morte gloriosa. Foi um dia de grande felicidade para mim.

Houve depois um convite do próprio Reinaldo Boury para eu fazer parte do elenco de *Mulheres de areia* e de *A viagem*. Mas, nas duas novelas, o Wolf Maya entrou no lugar dele e acabei não participando.

Sabe aquele momento em que se sente que a vida pode mudar? Um dia, a Gracinda Freire me ligou e perguntou se eu queria acompanhá-la num almoço nos jardins da casa do cantor Ivon Cury. Na época, ele tinha um programa de rádio e uma casa de shows. Claro que fui. Já tinha visto alguns shows daquele artista que sempre foi muito simpático e generoso comigo. Chegando lá, a pessoa que nos recebeu falou que a nossa mesa era a número tal. Quatro lugares, dois já ocupados por Felipe Carone e a esposa dele, Odete. Nunca havia trabalhado com Carone.

Em algum momento, a Gracinda, que fazia um sucesso avassalador em *Dancing Days*, disse: "Felipe, Renato Prieto também é espírita, como vocês." Carone disse que eles estavam fazendo algumas reuniões de produção, lendo textos psicografados e a ideia era montar um espetáculo. Tinham feito uma curta temporada do *Além da vida*, no Teatro Vannucci. Essa leitura é posterior. Ele me convidou e eu disse que, na hora que pudesse, iria. Então, um dia, fui.

Ao chegar, Carone me apresentou a todos, mas eu estava ali apenas como um colega educado. Eles iriam começar a ler um texto, mas o Carlos Augusto Strazzer não tinha chegado. Alguém perguntou o que houve. Ele estava no meio de uma gravação.

Carone falou que eu estava lá e poderia fazer a leitura. Perguntaram se eu faria e depois me entregaram as cenas em mãos. Fui lendo com eles e, quando acabou, alguém perguntou por que eu não ficava com eles. Eles me pediram para ficar com eles! Disse que estava fazendo uma peça com a Tônia Carreiro e falei sobre o salário. Havia a possibilidade de o espetáculo recomeçar em São Paulo. Perguntaram quando acabava a peça, e era no fim do mês. Então Carone disse que iriam transferir o dia de estreia da peça e falaram para eu ficar. Peguei o papel e foi um tremendo sucesso.

O Vannucci programou a estreia com a presença do médium Edson Queiroz, que trabalhava com o espírito do médico dr. Fritz. Trouxe artistas, Chico Anysio, Alcione... Imagine um teatro coberto de estrelas? Gente, foi um sucesso. Ali, efetivamente, entrei no primeiro espetáculo de temática espírita. No meio do caminho, quando vi que o sucesso não parava e todo mundo ligava querendo a gente lá, eu disse que precisávamos ter outro espetáculo.

Eu tinha lido um texto chamado *Recordações de outras vidas*. Perguntei à autora se não poderíamos chamá-lo de *Lembranças de outras vidas* e estreitamos contato. Meses depois, a peça estreou na mostra de teatro do Rio de Janeiro e ganhei o prêmio de melhor diretor. Foi o primeiro prêmio que recebi. Depois, convenci os donos do Teatro Galeria que valia a pena abrirem a casa para uma temporada do espetáculo, já que eu estava viajando com *Além da vida* e, com isso, abriu-se um vácuo na cidade para um espetáculo espírita. Graças a tudo o que consegui negociar de mídia, o espetáculo estreou com a casa quase cheia.

Durante o período de apresentações da peça *Lembranças de outras vidas*, eu já tinha feito a novela *Sinhá Moça* (e, provavelmente, *Corpo santo*), comecei a ver que era melhor buscar a implantação da temática de peças espíritas Brasil afora. O primeiro lugar em que fiz isso foi com um grupo de São Paulo. Já conhecia o Cyrano Rosalém desde quando fiz, como ator, a peça *Allan Kardec: um olhar para eternidade*. Na época, saiu uma crítica que dizia: "Vale a pena ir ao teatro pelo talento de Suely Franco, Renato Prieto e Fátima Freire." A direção da peça, que foi montada no Teatro dos Quatro, era de Paulo Afonso de Lima. Esse mesmo espetáculo foi levado para o Teatro Imprensa em São Paulo. Mas eu e o Rogério Fabiano fomos os únicos dessa montagem que foram para lá.

Venho trabalhando com um grupo de São Paulo, da Fátima do Vale, dirigindo as peças junto com ela. Dirigi outro grupo de Porto Alegre, chamado Cia. Hariboll, que produziu a peça *O semeador de estrelas*. Na cidade tem um festival importante com temática espírita, dirigido por

Luís Carlos Pretto. Gostaria de fazer o que fiz em São Paulo e Porto Alegre pelo Brasil inteiro. Quem sabe ainda conseguirei?

Entretanto, logo em Vitória, no Espírito Santo, não consegui montar um grupo. Mas, quando faço as minhas temporadas no Espírito Santo, não há uma que eu não abarrote a casa. O público me prestigia e as filas se formam no teatro. Sou um caso que contraria o dizer popular e recorrente "Santo de casa não faz milagre". Eu faço! E digo: eu o faço por ser capixaba.

Voltando para o cenário pós-Globo, quando o Boury foi para o SBT dirigir novelas infantis, ele me disse por telefone: "Se em algum momento quiser fazer uma novela, eu mando escrever um papel e você vem." Em paralelo, comecei a ser sondado pelo pessoal de cinema. Tive um sucesso ininterrupto por oito ou dez anos e depois começaram a surgir coisas. Mas eu sempre fui muito intuitivo, nunca me deixei levar por capa de revista. Ter vaidade é uma coisa. Óbvio que eu tenho a minha. Mas me deitar nela é outra coisa... Bastar-se na própria vaidade é uma ladeira para o fim.

RISCO É RISCO

Tenho uma amiga, modelo e atriz, que ainda hoje é minha vizinha no Leme e quase sempre a encontro no mercado, a Lúcia Chaib. Estávamos numa fase muito difícil, há meses sem trabalho. A Lúcia me ligou e falou para batalharmos alguma coisa juntos. Nessa época havia uns seriados na TV Globo. A nossa ideia era ir aos estúdios da Globo, ver se lá pintava uma chance. Eu só tinha o dinheiro da passagem e para tomar um café.

Quando cheguei à produção do *Plantão de polícia*, soube que um dos produtores era o Nilton Gouveia. Ele estava colocando umas fotos na parede atrás da mesa dele. Falei que o painel de fotos estava muito bonito, mas que ficaria muito mais se tivesse uma foto minha. Cara de pau, dei minha foto para ele e saí para visitar outras salas. O diretor-geral do programa era o Paulo Afonso, e a secretária dele, que se chamava Olga, viu minha foto quando Nilton a estava colocando no painel.

Depois de rodar todas as salas, fui tomar meu café. Antes de ir embora, passei nos mesmos lugares de antes para dar um abraço em algumas pessoas, entre elas o Nilton, e pedir para que pensem em alguma possibilidade de trabalho. No que cheguei na sala, ele me disse: "Estou te procurando!" A Olga queria me dizer que o Paulo Afonso queria encontrar comigo, mas que não tinha me achado. O Nilton me levou até a sala do Paulo, onde estava a Olga, que me abraçou e disse que tinha me procurado. Ela me pegou pelo braço e me levou até o Paulo Afonso, que me entregou um roteiro chamado "Trem noturno" dizendo para ler e me oferecendo um personagem que era muito próximo do protagonismo naquele episódio do *Plantão*. Dei uma lida no roteiro, era um personagem muito bacana e ele me levou para falar com o produtor financeiro a fim de acertarmos tudo.

Na hora da proposta, dei uma enrolada para responder que aceitava pensando que eu precisava de uma condição financeira melhor. O cara do financeiro tinha me oferecido X reais (na época era outra moeda!) e eu, que não tinha sequer dinheiro para comer, me coloquei numa posição altiva e disse que achava muito pouco para um trabalho como aquele. Ele voltou na sala do Paulo e disse que não estava conseguindo acertar o valor, e então o Paulo veio falar comigo. O risco que eu estava correndo era alto, mas, por outro lado, estava tentando conquistar um salário mais digno. Mas... risco é risco.

O Paulo Afonso virou para o moço e disse: "Não quero saber, é problema seu, é ele que eu quero e que o diretor quer." Na hora de acertar, sobe um pouco, desce um pouco, fiz uma segunda proposta. Disse que aceitaria trabalhar por menos tanto, que era mais do que ele estava me oferecendo, mas que, se ele me antecipasse 10% do salário na hora, eu aceitaria. Fechamos. Ele me levou até a agência do Banco Nacional que havia no prédio e eu, que tinha ido para os estúdios Globo só com o dinheiro da passagem e do café, pude pegar um táxi por conta da grana que passei a ter no bolso.

Nesse contrato, eu era um jovem com 20 e poucos anos e fazia uma espécie de psicopata. O personagem era muito semelhante ao de um filme do Hitchcock. Fiquei um tempo estudando e ensaiando. Quando o programa ficou pronto, foram ver a edição e, numa quase censura interna, acharam que tinham pesado demais na tinta, mas o meu trabalho estava muito bom. Era preciso suavizar um pouco e eles, unanimemente, concordaram que valia a pena regravar algumas cenas comigo e me manter no episódio. Conclusão: ganhei mais um dinheiro por essas mudanças. Aquele era o primeiro episódio do programa daquele ano e tiveram de adiar a estreia. Começou, então, uma história em cima dessa história. Saiu matéria comigo em várias revistas, falando que eu era o motivo do atraso. Eles me chamaram e então fizeram um contrato comigo. De quase protagonista em apenas um episódio, passei a ser um ator contratado da TV Globo.

Passados dois meses, comecei a notar que, na verdade, aquilo talvez fosse para me deixar quieto no canto, congelando. Fui até o Lúcio Mauro, que estava dirigindo o programa, e comentei que estava disponível, para que ele me aproveitasse. Peguei aquele contrato e fiquei gravando, o que foi ótimo para mim.

Quando estava terminando o contrato, me chamaram para fazer *Sinhá Moça*. Meu contrato acabou no meio da novela e foi renovado. Fui ganhando novos contratos e todos eles se encerravam bem no meio da obra que estava sendo gravada.

Muitos anos depois, encontrei-me com o mesmo cara do financeiro e ele disse que eu fui o único ator que conseguiu dobrá-lo. Então contei para ele que, naquele dia, eu só tinha o dinheiro da passagem de volta.

EU NUNCA PRECISEI TESTAR A MINHA FÉ

Fé eu sempre tive, fé continuo tendo. Sempre que estive muito próximo do precipício, alguém me segurou pela gola da camisa e me puxou para trás. Dentro de mim, tenho a impressão de que os amigos espirituais estão sempre ao meu lado, a me proteger. O campo de energia está em todos os lugares. Tem gente que passa uma encarnação inteira fazendo turismo no corpo. Como essas pessoas que são devotadas vão movimentar ventos e vendavais para não virem na direção desse indivíduo?

No final das contas, elas duvidam da existência de Deus. Você precisa fazer as coisas porque é orgânico. É bom fazer o bem. Melhor estar com as mãos de cima para baixo do que estar com elas de baixo para cima pedindo socorro. É a lei de atração, causa e efeito.

Costumo dizer que, nesta minha vida, existem duas coisas de suma importância: antes de e depois de.

Antes de ter entrado muito jovem na doutrina de Allan Kardec e depois de começar a fazer terapia cognitivo-comportamental, com o dr. Carlos Eduardo Goulart Brito.

Sempre tirei lições absolutamente valiosas do autoconhecimento, de me autoconhecer e me autoanalisar. E proximidade maior ainda se deu com a caridade. Muito cedo me envolvi num trabalho social, no morro do Juramento, uma comunidade muito complicada, onde comecei a acompanhar um número grande de famílias que eram assistidas. Naquela comunidade, vi as crianças nascerem e crescerem, as pessoas modificando suas vidas, e acompanhei tudo que pude. Acho que a doutrina espírita ter me encaminhado nessa direção me fez aprender. Daí tirei ensinamentos e fiz todas as partes superiores: não tem nada mais valioso que o ser humano. Você aprende o que deve fazer para viver melhor e, com os erros, aprende o que não deve fazer.

Por sua vez, também ajuda os outros a não cometer os mesmos erros. A doutrina me levou a diversos lugares, como foi o caso dos ensaios gerais dos espetáculos que eu fazia dentro dos presídios. Infelizmente, depois ficou difícil conseguir a autorização para isso por conta do risco.

É realmente um curso de nível superior que não tem preço: você aprende demais vendo como o outro se vira para sobreviver. Eu diria que esses foram os maiores aprendizados que tive e não tenho dúvidas de que existe um lado cultural paralelo ao da caridade.

Sou muito grato por isso. Essas pessoas me ensinaram a lutar bravamente, a não desistir da luta, a acreditar que amanhã será um novo dia. Com isso, fui me apaziguando e vendo qual era o meu lugar. Várias crianças que nasceram no morro do Juramento foram batizadas com o nome de Renato para me homenagear.

Sempre digo que o medo é um péssimo conselheiro. Mas ele é uma antena: o seu alerta dispara para dizer que algo à sua volta não está certo. O medo é um grande aliado para detectar dificuldades; é uma mola propulsora, é como se fosse uma luz vermelha de alerta. Todos nós temos isso que podemos chamar de cautela. Ela existe para atuar em seu favor, mas, se não conseguimos administrá-la nesse sentido, o que poderia ser benéfico para manter as antenas ligadas acaba jogando contra nós.

Veja-se o caso da morte. Sei que não é fácil. Quem já perdeu, já se separou dos avós, do pai, da mãe, conhece esse sentimento. No dia que mamãe desencarnou, eu não pude acompanhar de perto, pois tinha uma apresentação e a renda da bilheteira era para ajudar uma instituição. Pensei no que ela faria nesse momento. Ela diria para eu cumprir com o meu dever.

Como ser humano, compreendo que, quando a gente convive durante um largo período com alguém, não é fácil aceitar a separação. Tantos amigos que acompanhei de perto já retornaram ao plano espiritual; se você não tiver um preparo espiritual e conhecimento, fica um vazio muito grande dentro de si. Mas, quando se tem esse preparo, é possível compreender que todos nascem, crescem, evoluem no meio do caminho e morrem.

A única coisa certa da vida é a morte, não importa sua opção ou escolha filosófica. Não adianta ficar batendo na madeira ou tentando se esconder com se ela não fosse chegar ao seu núcleo familiar. Muitas pessoas que estão lendo isso também se encontram nesse caso. Repito: não adianta bater na madeira, pois o caminho de todos nós é a desencarnação, popularmente chamada de morte.

A palavra "morte" faz parecer que se encerra tudo ali. Que a vida começa quando você entra no corpo e fica nele até chegar o momento de retornar. Não se preparar para esse momento é um grande erro. É ficar tapando o sol com a peneira. De tudo o que você aprendeu, nada se perde. Quando você chega ao plano espiritual, quando já está bem e já passou seu período de readaptação, você retoma todos os aprendizados que amealhou e passa a ruminar aqui, caminhando para a evolução. É um processo contínuo: aprender, às vezes, significa reaprender, recomeçar, retrabalhar o que foi feito.

As pessoas que não tentarem fazer isso ficarão estagnadas diante da própria consciência. Isso não tem nada a ver com diferença social. Sei que a diferença social, cultural e moral é acintosa, mas conhecemos vários casos de pessoas que nasceram tendo tudo contra si e se transformaram numa pessoa conhecida. A pessoa lutou bravamente com o que ela tinha nas mãos, nem lhe passou pela cabeça a possibilidade de não tentar. Se você está em paz com sua consciência e fez sua parte, está livre para seguir, para aprender novos caminhos na travessia que é o processo de evoluir.

O CAMINHO DO CAMPO

Ao assumir o caminho da espiritualidade, percebi que deveria estar preparado para um aprendizado de absoluta imersão, sem medo. Nunca vi nada que fosse me causar sofrimento ou fosse um ato desagradável de ver. Raramente tive visões de sofrimento. Sempre vi coisas bacanas. Sem a fantasia de achar que não existe o sofrimento, mas também sem medo nenhum. A impressão que tenho é que essas pessoas são muito generosas comigo, apesar de todos os meus defeitos. Sempre senti um afeto muito grande de todos por mim. Vejo que as pessoas encarnadas e desencarnadas cuidam de mim.

Toda hora tem um amigo que aparece de algum lugar e resolve o problema. Todas as vezes que meus pés estão a um passo do precipício, alguém me puxa para trás.

Durante toda a juventude, tive essas coisas à minha volta. O que me chamou mais atenção para o estudo foi ter achado dois livros na lixeira do meu prédio... Ambos psicografados por Chico Xavier. Eu, muito menino, pensei assim: "Ah aquele moço que recebe mensagem das mães que perdem os filhos." Como gosto muito de ler, peguei os livros da lixeira e os levei para casa. Certa vez, vi na minha estante um livro embrulhado em papel de pão. Fui pegar e era do Kardec. Me perguntei como ele tinha ido parar ali. Devorei sozinho aquele livro e mais os dois outros que achara na lixeira.

Um dia eu estava num local e uma moça chamada Eloísa, que eu nunca tinha visto na vida, me perguntou: "Está fazendo o que aqui?"

Eu tinha ido só visitar a casa, que era um terreiro de candomblé. Ela me chamou e disse que aquele não era lugar para eu frequentar, que eu iria frequentar outro lugar. Eu estava sentado num salão imenso quando ela se aproximou. "Veio fazer uma visita? Mas aqui não é o lugar que você vai frequentar não. Você vai frequentar um lugar que estuda Kardec. Tem uma reunião na avenida Presidente Vargas, mas eu não sei qual é o prédio e qual seria o número." Mas me explicou como chegar até lá.

Um dia eu estava na cidade comprando um negócio e lembrei o que aquela moça tinha falado. Aí, sim, pela primeira vez acho que fiz um teste. Eu disse: "Se vocês querem que eu chegue lá, precisam me colocar na porta do prédio. Como vou adivinhar?" A primeira coisa era saber de qual lado era e ouvi alguém me dizer para atravessar a avenida. Pensei comigo mesmo: "Vou andar, subindo a Presidente Vargas em direção à Central do Brasil e, no primeiro lugar que me disserem para parar, vou parar." Quando cheguei na porta de um prédio específico, eles me disseram: "Aqui." Entrei no prédio.

Agora veja minha situação. Eram seis e meia da tarde, em um prédio comercial já vazio. Como vou perguntar se num prédio daqueles tem um centro espírita. Fui direto para o painel onde se pode identificar o que tem em todas as salas, mas não tinha nenhuma plaquinha com informações possíveis acerca do tal centro que eu buscava. Quando vi que naquele painel não havia o que eu queria, pensei que deveria ir à portaria. Fui então até o porteiro e disse: "O expediente vai até que horas?"

"Ah, umas cinco da tarde, e noventa por cento o prédio já começa a esvaziar. Às seis fica totalmente vazio." Perguntei se acontece alguma coisa estranha ali depois daquele horário. Ele riu e, brincando, respondeu: "Tá procurando o centro espírita, já entendi." Rimos juntos. Ele me disse que o centro era no quarto andar. Entrei, não conhecia ninguém, mas estava lá. Eu tinha uns 20 e poucos anos. Era um estranho, dei boa-noite e todos me cumprimentaram. Escolhi um lugar, me sentei e uma senhora veio até mim: "Mas que jovem bonito e simpático. O que podemos fazer por você?" Eu respondi que estava ali para saber coisas e ela respondeu que eu tinha encontrado o lugar que procurava.

Quando acabou a reunião, a senhora, que era aposentada, veio me cumprimentar e dizer que a casa estava aberta. Todas as quartas, eles estavam lá e qualquer dúvida era para ligar para ela. Em um mês de bate-papo com essa mulher, eu me inteirei sobre o grupo e comecei a me enturmar. Aí entrei definitivamente na doutrina espírita, à qual permaneço ligado até hoje.

Convivi com essa mulher até ela desencarnar há uns cinco anos. Sempre frequentei o mesmo centro, que ainda funciona no mesmo lugar. Uma pessoa nos anos 1950 comprou essa sala e doou para que dois grupos fizessem reuniões. A sala tem uma placa onde se lê "Humildes de João Batista".

Até hoje eu sigo o mesmo grupo, sempre fiel a ele.

ESPIRITISMO

Eu digo para as pessoas que, desde pequeno, a gente aprende que Deus é bom, justo, misericordioso, onipresente, onipotente e pai igual para todos. Aí, se você não olhar em volta, vai estar tudo bem para você, mas vamos combinar que é uma posição bastante egoísta. Para você está bom, mas é preciso olhar em volta. O que me fez olhar os assuntos espirituais foi exatamente essa frase sobre Deus ser pai igual para todos.

Se fosse assim, qual o motivo de existir tanta diferença social, cultural e moral? Quando comecei a olhar à minha volta e comecei a observar isso, resolvi me envolver nas questões da reencarnação. Posso estar na escola e meu amigo não pode. Quero meu amigo na minha casa e a mãe não o deixa para não quebrar nada e não precisar pagar. Como é possível Deus ter os seus escolhidos? É conveniente para a pessoa achar isso e acreditar que ele próprio é um desses escolhidos. Já eu vejo um Deus muito mais amplo.

Continuei questionando as pessoas e perguntando. Quando fazia essa pergunta à mamãe, ela, com a docilidade que lhe era característica, me dizia que pesquisando eu encontraria uma resposta. Quando encontrei os livros e as pesquisas que aconteciam na Índia, na França e que chegaram ao Brasil, consegui ver um Deus dando oportunidades iguais para todos.

Com o trabalho espiritual, você começa a compreender tudo. Que não pode deixar de estar com sua mão estendida, sem ajudar o outro e puxá-lo para ele ir a outro espaço, dando-lhe conhecimento, cultura e tudo o que puder fazer para ajudá-lo a alcançar o entendimento. Você não consegue se livrar dessas amarras. Foi o que fiz com o Tiago e a Alessandra: dei a eles escola, livros, espetáculos e cinema.

Acho que é por isso que tenho um prazer tão grande em me envolver em trabalhos sociais, em conviver com essas pessoas magníficas que temos no mundo e que se desvestem de si próprias para ajudar o outro. Pense em quantas pessoas você consegue tirar da ignorância e trazer para o conhecimento.

Para entender o espiritismo, a pessoa deve ler Kardec, o pai de todos. *O livro dos espíritos*, o *Evangelho segundo espiritismo*, as obras póstumas. Comece por Kardec. Pessoalmente, gosto de todas as traduções. E aconselho que, simultaneamente, a pessoa vá lendo um romance. Acho que é importante fazer isso porque assim vai ver a teoria que está estudando com uma explicação básica de uma história básica.

Um espírita nunca deve dizer que está com a verdade. Ele deve respeitar todas as escolhas das pessoas e jamais se colocar na posição de saber mais que todos. E fazer silêncio e respeitar os outros e suas escolhas. Uma coisa que um espírita precisa ter é o que chamamos de "humildade".

A.K., D.K.: ANTES DE KARDEC, DEPOIS DE KARDEC

Gosto de pensar na sabedoria que me veio ao estudar os textos de Allan Kardec como um processo de transcender o lado mais matemático, por vezes, áspero, da ciência, e caminhar para um terreno simbólico que mistura reflexões filosóficas com algo de lúdico. Enxergo em Kardec um espaço de construção para os estudos, como se fosse um motor de arranque, uma ignição para nos jogar nos labirintos da descoberta. Ninguém alça voo se não tiver os pés fincados no chão, usando o solo como espaço para uma fricção livre que nos remeta ao infinito. É como eu vejo a pesquisa, a construção gradual do saber, a relação com o aprendizado. Cruzei com muita gente sábia na minha estrada, sobretudo gente que tratava a espiritualidade como fonte de renovação de olhar para a nossa vivência neste plano. O que me permitiu ter trocas ricas com essas pessoas foi, em parte, o conhecimento que a leitura da doutrina me ofereceu, e Kardec é parte essencial disso.

Correndo o Brasil, encontrei muita gente jovem que lê, que pensa, que se dispõe a entender mistérios que nos mantêm neste mundo, mas nos preparam para novos saltos no infinito.

SEDIMENTAÇÃO

Este é um texto que costumo repetir no teatro:

Os últimos séculos estão cheios de figuras notáveis... de reis, de religiosos, de políticos que se afirmaram defensores da fé, do cristianismo, apresentando-se como apóstolos de suas luzes. Todos eles escreveram ou ensinaram em nome de Jesus. Todos evocaram seu santo nome, fizeram promessas de caminhos abertos, de portais abertos, de graças eternas. Os príncipes expediram mandamentos famosos; os fariseus forjaram verdades; os clérigos publicaram bulas e compêndios; os administradores organizaram leis célebres. No entanto, em vão essas bocas procuraram honrar o Salvador, ensinando doutrinas que são caprichos. Apenas caprichos. O mundo de agora ainda é campo de batalha das ideias, qual no tempo em que o Cristo veio pessoalmente a nós, apenas com a diferença de que o farisaísmo, o templo, o sinédrio, o pretório e a corte de César têm hoje outros nomes, outras luzes, outras patentes. Importa reconhecer, desse modo, que, sobre o esforço de tantos anos, é necessário renovar a compreensão geral e servir ao mundo espiritual, à evolução, não segundo os homens, mas de acordo com *os seus próprios ensinamentos*.

Esse trecho demonstra a nossa necessidade de escutar, de saber ouvir e refletir. Foi algo que aprendi com o meu grupo de estudos e de mediunidade. A cada encontro, a gente afina o olhar para a realidade, em suas torpezas e belezas. Nunca é fácil. Mas nesse processo de observação a gente aprende a valorizar o que existe de mais divertido no viver.

LUGARES EXÓTICOS

Encenei peças no Brasil inteiro. Passei por muito palacetes, mas também por muitos muquifos. Nunca é fácil, né? Uma vez, eu me apresentei num teatrinho no meio de uma floresta que, possivelmente, deve ser a sala de espetáculo mais inusitada que vi na minha vida. O teatro era em declive e colocaram lá embaixo uma meia dúzia de caixas de cerveja para a gente subir. Nos arrumamos atrás de um pano que arranjaram para a ocasião. Passávamos por cima dessas caixas e vínhamos para a frente, representar. De repente, caiu a maior chuva nessa floresta e a água começou a entrar. Como era um declive, ela iria descendo como numa escada até chegar aonde nós estávamos. As pessoas que estavam nas primeiras filas começaram a tirar os sapatos e levantar as calças. Ninguém queria arredar o pé. E os fios estavam todos desencapados.

Alguém da administração teve a ideia de abrir uma porta que tinha no final da decida para a água escoar. À medida que nos apresentávamos, a água foi descendo do joelho para os pés. Teve uma hora que ela desceu ultrapassando as caixas de cerveja. Para sair de cima delas era só pisando na água.

Isso aconteceu numa cidade do interior de São Paulo e acabamos achando que representar ali dentro era um momento ecológico da nossa vida.

Uma vez, no Rio Grande do Sul, estávamos fazendo o espetáculo e um senhor disse: "Conversei com o produtor de vocês e quero que todos vão para o meu sítio. Vou oferecer uma churrascada ao fim do espetáculo e quero todos lá." Todo mundo aceitou. Pegamos um micro-ônibus e fomos atéo sítio. A peça acabou às 22h30 ou 23 horas e chegamos ao sítio à meia-noite. Lá reencontramos o cara fazendo a tal churrascada. Ele chamou os moradores dos sítios vizinhos porque "os artistas estarão na minha casa". Lá pelas tantas, começou a cair um temporal, mas chegou a hora de irmos embora e o motorista do micro-ônibus não viu que, atrás do veículo, havia uma vala por onde passava água naquelas canaletas de entrada de sítio. As duas rodas traseiras do micro-ônibus mergulharam na canaleta. Com a chuva e a lama, quem disse que o ônibus saía de lá? Por volta das 7 horas da manhã, a gente precisava ir para outra cidade. Algum tempo depois, chegou um trator e a gente do lado de fora, todos molhados, dando as direções. Uma hora, Deus sabe quando, conseguiram arrancar o ônibus de lá.

Alguém me disse assim: "Tem uma mulher aqui na cidade que é muito sua fã. Ela quer te oferecer um café ao cair da tarde e você tem de tomar. Ela é muito conhecida, divulgou o espetáculo e ajudou a vender ingressos." Eu disse que iria passar por lá para tomar um café.

Cheguei à casa dela e tinhas biscoitos, doces, um bolo de banana na mesa, mas só fomos eu e o Paulo, pois os demais tinham outro compromisso. Claro que a cidade toda ficou sabendo que o artista Renato Prieto estava na casa da mulher e o telefone dela não parava. Ela atendia assim: "Pera aí, não posso falar agora porque o artista principal está aqui comigo." Depois tocava de novo e ela: "Como vou falar com você? O artista principal está aqui tomando café comigo." No lugar de tomar café, o telefone tocava e a gente começou a decorar aquilo que ela falava. A decorar e repetir.

TRAPALHADAS E HISTÓRIAS DE COXIA

Claro que todo ator e atriz tem dezenas de histórias de coxia para contar. Comigo não poderia ser diferente. Afinal, o efêmero faz parte da arte, assim como a sorte e o revés, o bom e o mau humor, os imprevistos e suas consequências. Então, vou contar algumas histórias que aconteceram e que presenciei. Para o bem ou para o mal, elas fazem parte da minha trajetória. E algumas marcaram época na minha vida. Vou contar as que considero mais divertidas.

Pum em cena
Eu não posso jamais dizer o nome dessa pessoa, por educação. O ator chegou ao teatro já não passando muito bem, pois tinha se alimentado com alguma coisa de procedência duvidosa. Havia uma cena em que eu ficava atrás de uma cadeira e o ator sentado nela. Eu ia falando com ele, que ia entrando em estado de emoção e colocando as mãos no corpo e no rosto. Ele caía no choro em frente à cadeira e entrava uma música linda. Quando ele caiu de joelhos, soltou um pum. Foi um pum que conseguia superar o canal de esgoto da avenida Brasil, em São Paulo. Estou falando de um pum que você sente quando está dirigindo na Marginal em São Paulo.

O ar-condicionado do teatro tinha algumas saídas em cima do palco. Aquilo passava pela gente e empurrava para a plateia. Você olhava e as pessoas da plateia estavam levantando as camisas e tapando o nariz.

Aquilo foi invadindo a primeira fila e a segunda também. Ele fazia a cena como se nada tivesse acontecido. Éramos nós que estávamos naquela situação. Percebi que ia ter uma crise de riso, mas não podia rir. Vi que não tinha jeito e tive de sair do palco. As pessoas que estavam fora de cena rolavam nos bastidores. Eu pedia para eles pararem de rir. Aquele cheiro foi invadindo tudo. Puxei uma força do âmago e consegui finalizar a cena.

Queda na orquestra

Uma situação tensa que acabou virando um ímã de risos involuntários aconteceu quando fiz uma peça com um grupo de amigos queridos no teatro da faculdade Unisuam, em Bonsucesso, no Rio de Janeiro. A atriz Rosana Penna caiu dentro do fosso da orquestra, mas não fez barulho por ter caído pela cortina. Quando me virei para começar, tive uma surpresa: ela não estava na marcação. Cerrando os dentes, perguntei onde ela havia se metido. Com a demora e sabendo o que tinha acontecido, parei a peça, tive de chamar o corpo de bombeiros e expliquei a situação ao público. Quando ela finalmente subiu ao palco, a plateia inteira, com muita empatia, ovacionou seu retorno.

Moda pesa

Outra história de que também me lembro sempre aconteceu em Porto Alegre. Estávamos nos apresentando no chiquérrimo teatro da Orquestra Sinfônica da cidade. Mil pessoas na plateia. Eu disse: "Gente, se vocês quiserem nos dar o prazer, hoje o patrocinador é o restaurante X e vocês podem nos encontrar lá." Cidade fria e as pessoas colocando casacos bonitos. Nos arrumamos lindamente e fomos ao restaurante. Quando chegamos, ao abrirmos a porta, alguém nos anunciou e todo o restaurante se levantou para aplaudir. Foram muitos aplausos.

Uma das nossas atrizes resolveu agradecer os aplausos com toda a ênfase que o público merece. Ela estava em uma novela magnífica das 18 horas, fazendo um sucesso danado. Aí, como o restaurante tinha calefação, ela tirou o casaco. Era um casacão daqueles de lã, todo bonitão, na moda. Ela tirou-o e depositou-o na cadeira, postando-se toda chique. O casaco pesava uns 5 quilos e levou com ele a cadeira. Ninguém ouviu, porque o casaco abafou. Agradecendo, ela se sentou no nada e caiu de bunda no chão. Nós, que estávamos do outro lado da mesa, só vimos as duas pernas abertas para cima e tratamos de socorrê-la.

Socos na porta do camarim
Estávamos num lindo teatro em Manaus. Um ator do espetáculo tinha sido convidado para almoçar na casa de um amigo e voltou num pilequinho daquele dos bons. Como estava sem condições de atuar, tivemos de trancá-lo no camarim e usar o ator substituto. O problema é que o camarim era atrás da cortina do palco e, durante a peça, o beberrão ficava esmurrando a porta e gritando. A gente, em cena, ficava inventando cacos e subtextos para interagir com os barulhos que nosso querido bêbado fazia.

A vida quis assim...
A gente ri muito fazendo teatro, mas existem histórias difíceis também.
    Raramente os camarins ficam na parte superior do teatro ou embaixo do palco. Normalmente são dentro do palco. Numa peça, essa estrutura arquitetônica rendeu um problemaço para a atriz Sylvia D'Silva, que, acho eu, se esqueceu de como costuma ser a estrutura dos teatros. Nós tínhamos feito a primeira sessão, que estava lotada, e iríamos fazer a segunda, esgotada. Ela se esqueceu de que tinha uma escada na saída do palco, que era uma descida um tanto íngreme para quem não está atento. Ela rolou uns 10 a 15 degraus escada abaixo. Quando olhei de

cima tinha um mar de sangue. Todos correram para socorrer. Pedi para assentarem a fila do teatro. O médico veio e disse que lamentava, mas que era preciso devolver o ingresso e chamar o corpo de bombeiros.

O mais complicado era que o avião saía no dia seguinte às 14 horas, e iríamos dormir na cidade. Fomos ao hospital para ficar com ela e acompanhar de perto a situação. O médico disse que ela não tinha condições de entrar em avião por conta da pressão na cabeça; tinha que viajar por terra e devagar. Eu disse então que iria com ela de ônibus. Sylvia estava medicada e, na hora de assinar a alta, o médico perguntou o que eu era dela. Quando respondi que éramos amigos há mais de vinte anos, ele disse: "Você não pode tirar ela daqui já que não é parente." Tive de pegar o telefone, ligar para o Rio de Janeiro, explicar ao filho dela o que tinha acontecido. Conseguimos uma passagem, ele foi para lá e uma família se comprometeu a cuidar dela até o filho chegar.

Outra situação que foi muito complicada aconteceu no Piauí, já na fase final de *Além da vida*. Felipe Carone vinha tendo muitos problemas digestivos: comia e vomitava. Quando chegamos ao nosso destino, da janela do meu quarto, vi que em frente tinha um grande hospital e resolvi ligar para falar com a gerência. Me identifiquei, contei a história e me disseram para levá-lo até lá. Os médicos o examinaram, me chamaram e disseram que era preciso transportá-lo diretamente ao Rio. Por sorte, a mulher dele estava com a gente na cidade.

A radiografia mostrava que pelo esôfago dele não passava uma gota de água. Colocamos ele num avião, fizeram os exames todos e detectaram um câncer devastador. Fizeram algumas cirurgias e ele conseguiu sobreviver por mais um tempo. Enquanto ele estava no hospital, encontrei com o Divaldo na Rádio Globo. "Renato", disse ele, "se o Carone quiser, pode ficar mais um tempo aqui com você e fazer o que precisa fazer". Ele tinha merecimento para permanecer mais um tempo conosco.

Fui ao hospital e lhe contei o que o Divaldo havia dito na longa conversa que tivéramos. Ele me olhou profundamente nos olhos e disse:

"Agradeço, mas acho que já cumpri a minha etapa. Quero ir embora." Segurei a mão dele e, vendo uma lágrima lhe escorrer dos olhos, perguntei se ele tinha certeza. Ele respondeu: "Não tenho dúvidas não. Você é jovem e vai levar isso para frente muito bem. A tarefa é sua e a responsabilidade você sabe que é sua. Leve a mensagem ao povo." Fui a última pessoa que esteve com ele.

Fora do quarto, conversei com a mulher dele e expliquei o ocorrido. Ela me acompanhou até a saída do hospital e, quando voltou para o quarto, Felipe já tinha desencarnado.

SÍNDROME DO PÂNICO

Fé, determinação, cuidado com o corpo, comida leve, muita água... tudo isso ajuda o corpo. Tudo isso cria comunhão entre o corpo e o espírito. Mas existe um momento em que padecemos de males que passam por outras instâncias, nem só corpo, nem só alma. Tem horas que a cabeça pifa. Nessa brincadeira toda de manter um projeto teatral vívido, encenando sem parar, teve uma hora em que eu pifei. Foi um pouquinho antes da filmagem de *Nosso lar*.

Durante um tempo muito longo, talvez pela necessidade da juventude, houve uma fase em que eu viajava com as peças para todo lado. Voltava ao Rio, depois de ter me apresentado para várias plateias, e corria para São Paulo para dirigir uma peça. Depois ia para outro lugar, diretamente de São Paulo, para dirigir outra peça. Essa correria desenfreada tem um quê de imaturidade. Imaturidade com o corpo, com o nosso descanso. Confesso que nunca fui irresponsável com dinheiro, mas na ambição do fazer, do brilhar, querendo estar em todos os lugares ao mesmo tempo, um dia acordei mal. Os sinais começaram de leve. Amanheci com a gengiva do lado esquerdo inflamada. Coisa aparentemente simples.

Fui até minha dentista, Daniele Cavalcante, que me examinou e disse que eu não tinha nada. Perguntou se eu estava com algum problema de ordem emocional. Saí do consultório dela e aquilo ficou na minha cabeça. No meio da rua, fiquei paralisado. Liguei para um amigo médico e fui até a casa dele. Ele disse que já tinha entendido o que estava acontecendo e me deu um remédio: era algum desequilíbrio na minha vida emocional. Como sempre, não seria fácil. Nunca foi.

Pensei em ir a Maceió, onde tem minha Mainha, a Selma Britto, amiga querida que cuida da minha saúde com seus carinhos e sua boa conversa. Liguei para ela, dizendo que iria passar uns dias descansando com ela. Quando cheguei, tinha uma faixa atravessando a rua de ponta a ponta falando sobre uma passagem do Divaldo Franco por lá. Ela perguntou se eu queria ir e respondi que o conhecia, que era meu amigo. Ela disse que me levava. Não queria perder a chance de estar com ele. Fui para casa, descansei e parti para o encontro com ele. Quando cheguei, fui entrando e a multidão começou a me reconhecer e fazer barulho. O Divaldo estava na mesa e olhou para mim com cara de surpresa. Quando chegou perto de mim, abriu os braços para me abraçar e disse: "Deus! Isso é muito sentimento de angústia para uma pessoa só." Ali, ele disse que (o espírito de) Joana De Angelis estava conosco, mandando um recado para mim: eu havia acelerado demais o ritmo e deveria procurar um terapeuta. Por eu ser uma pessoa de embate, só um bom trabalho de análise daria conta de meu problema. Eu disse que iria resolver tudo aquilo. Mas Joana garantiu que uma pessoa apropriada viria até mim. Uma vez mais, as forças espirituais estavam do meu lado.

Saí dali com aquilo na cabeça, liguei para o Murilo Reis, com quem faço acupuntura há anos e pedi uma consulta. O Murilo chegou e ficou parado na porta. Achei aquilo estranho. O fato é que ele estava me olhando na porta e tinha algo a me dizer, algo ligado a uma pessoa com quem ele tinha estado naquela manhã. Tive um clique na hora: era Joana De Angelis se manifestando, em nome do mundo espiritual. Murilo me disse que esteve com um terapeuta cognitivo-comportamental e que ele era a pessoa que poderia me ajudar. Fui procurá-lo e o terapeuta me atendeu naquele dia mesmo.

Quando entrei no consultório e comecei a falar o que estava acontecendo comigo, ele disse que o problema agora era meu e dele. Avisou que iríamos caminhar juntos. Na troca com esse processo terapêutico, diria que dei um salto enorme na minha evolução. O terapeuta me fez enxergar o alto nível de estresse e ansiedade em que eu me encontrava, além de sinais de síndrome do pânico. Até hoje, volta e meia estou lá no seu consultório. Carlos Eduardo Goulart Brito se tornou meio que um mestre para mim: gosto de ouvir sua orientação.

A síndrome do pânico mexeu com todas as minhas emoções, me desorganizou por inteiro. Eu tinha arrancado alternadamente quarenta páginas da minha vida, o equivalente a pelo menos quarenta anos em que me atirei na arte. Tive de ir buscar uma por uma para colocar de volta no lugar. Quem me ajudou a fazer isso foi ele. Foi um sofrimento. Só quem já encarou a síndrome sabe o que é. Tive de entrar num processo de reconhecimento. Isso aconteceu há uns vinte anos. Até hoje nunca mais baixei a guarda. E a atenção que passei a ter foi fundamental para que eu entrasse de cabeça no processo de *Nosso lar* como ele aconteceu.

RITUAIS DO TEATRO

A primeira pergunta que faço para minha administradora quando o espetáculo termina é quanto aquilo rendeu para a instituição que estou atendendo na cidade. O projeto já ajudou mais de 3 mil instituições a não fecharem suas portas. Na temporada mais recente que fiz no Rio, lotei um camarim de comida que foi para uma comunidade necessitada em Itaguaí.

Fazer um projeto desse é você se colocar na frente como instrumento de resolução. O que isso trouxe para mim? Nada; o que importa é o que aquilo trouxe para as pessoas. Pela primeira vez uma pessoa enxergou exatamente o que eu queria dizer. Ela chegou para me cumprimentar e disse: "Incrível como você não para de me surpreender. Você poderia fazer um espetáculo biográfico, catando informações aqui e ali, mas você me surpreende com o impacto de uma nova informação. Você realmente não aceita repetir ideias." Eu queria que as pessoas ouvissem dentro daquele conteúdo algo que poderia mudar a vida delas no cotidiano. Mas fiquei pensando que era necessário haver um acolhimento para a plateia ao fim de uma experiência que poderia mexer radicalmente com o coração de cada interlocutor ali presente. Não é fácil ouvir os mistérios da espiritualidade e sair incólume, sem se revirar por dentro. Foi a partir de então que pensei em eu mesmo conduzir o público à saída, emprestando meu ombro a quem quisesse chorar e o meu sorriso a quem quisesse sorrir.

Até hoje sou eu que abro a porta do teatro, passando pelo meio da plateia. Fico horas ali. Chego a ficar uma ou duas horas parado, ouvindo o que as pessoas têm a dizer. Quando fico sozinho no camarim ou em casa, lembro de tudo o que me disseram.

Não são muitas histórias tristes. Aparece uma, vez ou outra, mas, de modo geral, as pessoas me relatam soluções que deram às suas vidas quando passaram a tratar as próprias angústias de maneira propositiva, respeitando o outro, e quando passaram a acreditar na força do mundo espiritual. O desapego do materialismo sempre é mencionado nesses relatos.

Uma moça foi assistir a nosso espetáculo em Maceió. Quando acabou, ela ficou na multidão à minha volta, esperando. Quando chegou a sua vez, ela me disse: "Veja como é a vida. Minha amiga me ligou dizendo ser sua fã e que não perdia um espetáculo seu. Ela comprou dois ingressos, mas a pessoa que vinha com ela teve um impedimento e ela pediu minha companhia. Resolvi acompanhar por ser minha amiga. E agora estou absurdamente impactada com o que assisti." Quando voltei a Maceió, lá estava ela levando pessoas, como a amiga tinha feito com ela. Cada vez que retornei àquela cidade, ela foi ao espetáculo, sempre acompanhada. Ouvi mais coisas boas e relatos de como o espetáculo mudou a vida de alguém.

Talvez pela convivência com muitas imagens ao mesmo tempo, me lembro das situações, mas não das pessoas. Você precisa pensar que, numa plateia de quatrocentas pessoas, passaram por mim pelo menos duzentas. Lembro de perguntar pelos filhos. Mas encontrei, sim, milhares de pessoas que tinham estudado comigo, que viram o espetáculo, que eram filhos de algum amigo.

CINEMÁTICA

Eu me afastei da televisão por precisar chegar às emissoras às oito horas da manhã, me arrumar, não ter ensaio, ter cenas programadas que não são gravadas, reestudar o texto. Cinema é um processo artístico caro, não dá para transferir as coisas, a não ser que um imprevisto aconteça na hora. O cinema está muito próximo do que gosto de fazer, pois, nesse aspecto, o cinema e o teatro são muito semelhantes.

Dou muito valor à disciplina, tanto na arte como na vida. Estar atento aos horários é tudo. Ser rigoroso com o aprendizado do roteiro ou do texto teatral que nos oferecem é fundamental. Saber se empenhar para tirar ideias do papel e transformar projetos em obras que o público possa prestigiar é a essência desse meu ofício — ser artista. As pessoas precisam ser empenhadas na batalha para fazer da indústria cultural uma instância sustentável e ativa.

Por tudo isso, e quem sabe por outras coisas mais, o cinema tem para mim o mesmo peso do teatro, com a vantagem de ser visto por muitas pessoas ao mesmo tempo. O que me faz ser apaixonado pelos dois é o compromisso com a realidade. Tudo é questão de fascínio.

Comecei na carreira bem jovem por ser muito amigo das pessoas do Teatro Carlos Gomes, de Vitória, no Espírito Santo, onde eu ficava no segundo andar assistindo aos espetáculos. É importante ressaltar que o Carlos Gomes já era para mim um espetáculo em si, com sua beleza arquitetônica. Seu palco é belíssimo e tem uma caixa acústica que favorece o trabalho de qualquer ator, galvanizando grandes interpretações. É uma delícia de lugar.

Devia ter uns 12 anos quando pisei naquele local pela primeira vez. Lembro de ter assistido lá à peça *Freud explica*, com a Hildegard Angel e o Jorge Dória.

Conversei muito tempo com a Hilde e, anos depois, voltei a vê-la no Rio de Janeiro. Ela sempre me deu muito espaço na mídia.

Agora, ao primeiro grande espetáculo mesmo, eu assisti quando tinha 18 anos: *Yerma*, de García Lorca, que foi muito marcante. Fiquei impactado com sua grandeza e bastante emocionado.

Já o primeiro filme que me impactou foi *A filha de Ryan*, de David Lean, com o Robert Mitchum, e me lembro de ter ficado embasbacado com toda aquela produção. Depois, vi *Romeu e Julieta*, de Zeffirelli, a que já me referi. Revi esses filmes várias vezes posteriormente. Sempre fui muito ao cinema e continuo indo. Mas nunca gostei muito de filme pipoca; ia mesmo era atrás dos filmes de grandes diretores, estetas como Ingmar Bergman, Franco Zeffirelli, Federico Fellini e por aí vai. Mal sabia que diante de tudo o que via estava adquirindo capital crítico para o meu futuro nas telas. Mas não era só ver filmes. Era questão de estudar.

NOVOS ESTUDOS, ETERNO APRENDIZADO

Realizador de filmes seminais como *La dolce vita*, Federico Fellini dizia: "Assim como toda pérola é a autobiografia da ostra, um filme é sempre a autobiografia de seu diretor." Não sei avaliar as biografias dos grandes diretores que fui prestigiar nos cinemas, mas acredito que haja um pouco de cada um nos longas que eles levaram às telas. Deliciei-me com os filmes que vi, mas nunca deixei de ler sobre cinema, de estudar roteiros. O estudo é a base sempre. Isso vem lá do que vivi com Grotowski, quando, estudando peças, tive alumbramentos. Tennessee Williams foi um dos autores que me ensinaram muito. Seu teatro é um lugar que me deu muito saber, por meio de frases como esta: "Todos nós somos cobaias no laboratório de Deus. A humanidade é apenas um trabalho em andamento." Ou: "A vida é toda ela memória, exceto por um momento presente indo embora tão rápido que você mal o percebe ir." Ele é um dos oráculos da minha vida. Todo bom autor vira oráculo quando pode nos conectar com o sagrado poder do aprendizado. Mas os oráculos não trabalham sozinhos. Não seria fácil pra eles, né? Há que se ter uma ajudinha nossa. É preciso empenho quando se quer conhecimento.

Um professor de literatura muito respeitado no Rio de Janeiro, Márcio Maia, que fez a cabeça de muitos estudantes no subúrbio carioca, costumava dizer que "a cultura é uma cortesã cheia de manhas e mimos. Se você a quer, precisa correr atrás dela". Eu corri. E nem preciso dizer que não foi fácil. Depois daquele achado lá dos livros que iniciaram o meu interesse pelo Evangelho dos Espíritos, saí atrás de outras fontes. Meti a cara nos livros. Busquei o saber em livrarias e bibliotecas. Resolvi buscar novas leituras sobre espiritismo e conheci uma pessoa chamada Gerson Monteiro, que me disse ter contatos na Federação Espírita Brasileira e me levaria para conhecer o pessoal que trabalhava lá. Fui, fiz bons contatos e, graças aos livros indicados por eles, aprendi bastante.

Assim como já tinha conversado com o Carlos Eduardo Novaes, disse ao pessoal da federação que queria contar a história de *E a vida continua*. Eles me deram permissão, mas disseram que antes eu deveria apresentar o texto para a comissão aprovar.

Procurei Ingrid Vannucci, do Teatro Vannucci, e perguntei se ela me daria um horário alternativo, com percentual de bilheteria. E ela concordou. Eu precisava então de um local para ensaiar. Lembrei do meu amigo Luiz Arad, primeiro bailarino do Theatro Municipal, que era muito amigo da diretora do corpo de baile lá, Dalal Achcar. Arad me levou até ela e perguntei se poderia ter uma sala para ensaiar. Depois do sim, fui chamando os meus amigos atores para a peça. Chamei minha amiga Cristina Prochaska para fazer o personagem feminino principal.

Alguém me disse que a Cristina também era artista plástica e adorava mexer com figurino. Falei com ela, que pediu para todo elenco levar roupas de suas casas que lhes servissem, mas que não usassem mais. Cada um trouxe o que tinha e a Cristina transformou em uma série de vestimentas artesanais, algo que não existia no mercado, criando os figurinos de cada personagem de forma personalizada, inédita.

O passo seguinte era fazer com que o público soubesse que estávamos estreando no Teatro Vannucci, no Rio de Janeiro. Fui até um departamento da Federação Espírita Brasileira e falei que queria conseguir os endereços de todos os grupos espíritas do país. No caso da umbanda e do candomblé, consegui os endereços daquelas federações e fui muito bem recebido por lá. Me deram matéria de capa em suas publicações e colocaram o cartaz da peça em todos os jornais, enviando-os para os seus contatos. Fui conseguindo mais endereços e uma gráfica me patrocinou, fazendo o cartaz da peça. Com muita antecedência, enviei cartazes e meus telefones de contato para as instituições, para quem quisesse fazer grupos ou reservas.

Mas eu ainda precisava de algo que me desse o impulso, espaço na mídia. Conseguimos matérias nos principais jornais. Um amigo meu pagou um anúncio no caderno de cultura da revista *Veja*, que saía todas as sextas. A peça *Além da vida* havia sido a última que tínhamos feito e há muito tempo não se revisitava essa temática. O telefone do teatro começou a tocar e passamos a ficar animados.

Mais um tempinho e, finalmente, chegou o grande dia. Estava dentro do teatro acompanhando os acertos finais quando a Cristina Prochaska chegou, aos prantos. Achei que tinha acontecido algo com o pai dela. Aí ela colocou a mão no peito e me pediu para esperar passar a emoção do choro. Quando conseguiu respirar, ela disse: "A fila está dando volta no quarteirão. Está perto da escada rolante." De fato, a fila começava na bilheteira do Teatro Vannucci, virava o corredor e chegava à escada. O boca a boca fez daquele espetáculo um sucesso avassalador. Com ele, pela primeira vez me arrisquei a viajar por vários estados do Brasil, com a ajuda de um amigo, Pedro, que então dirigia a companhia aérea Transbrasil.

NA CORTE D'O ADVOGADO DO DIABO

Quando o projeto *Além da vida* estava funcionando com muito sucesso, as pessoas começaram a ver cifras (número de espectadores, bilheteria). Volta e meia aparecia algum desavisado querendo transformar a peça em filme. Uma coisa interessante: os meus amigos espirituais diziam para ouvir com educação, mas não registrar porque aquilo não nos levaria a lugar nenhum.

Quando me perguntavam sobre as conversas que tinha com os diretores, eu falava que não ia dar em nada. Tratava com educação, mas não levava com muita fé o negócio. Até que se chegou a um ponto em que uma secretária brasileira, amiga minha, que trabalhava em Hollywood e era amiga do cineasta americano Taylor Hackford, comentou que ele ficara sabendo do espetáculo. Realizador de grandes sucessos, como *O sol da meia-noite* (1985) e *Ray* (2004), e ganhador do Oscar (pelo curta-metragem *Teenage Father*), Taylor dirigiu um cult muito popular da década de 1990: *O advogado do diabo* (1997), com Keanu Reeves, Charlize Theron e Al Pacino. Essa amiga disse que ele queria conversar comigo. Mesmo assim, a minha intuição e os amigos espirituais continuaram batendo na mesma tecla. Eu ficava preocupado no que as pessoas queriam transformar aquilo.

Mas a vontade dele nunca foi adiante; a conversa entre nós nunca aconteceu. Tenho a sensação de que a espiritualidade gera um fascínio entre cineastas estrangeiros, mas, quando percebem a imensidão do saber ligado ao universo da reencarnação, da psicografia, da comunicação com os espíritos, muitos esmorecem. Tem gente que dá marcha a ré. Gosto quando Nietzsche, filósofo essencial para o pensamento ocidental lapidar a condição moderna, diz: "Aquele que luta com monstros deve acautelar-se para não se tornar também um monstro. Quando se olha muito tempo para um abismo, o abismo olha para você." Recentemente, ali por 2015, mais ou menos, vi um filme polonês muito bacana, *Body*, de uma diretora chamada Malgorzata Szumowska, no qual ela trata de Chico Xavier com muito respeito, discutindo a questão das cartas psicografadas. Mas é um filme que não mergulha no tema. É uma questão de escolha: ficar na franja do tema ou adentrar na discussão da vida espiritual.

NOSSO LAR, O MAKING OF

Quando começaram as primeiras conversas com o cineasta Wagner de Assis para viabilizar *Nosso lar*, eu estava no teatro e ele foi até lá. Foi um primeiro encontro capitaneado pela figurinista dos meus espetáculos, Anete Cota. Ele disse que o grande sonho dele era levar o livro para o cinema. Eu disse ser o meu sonho também e começamos a conversar. Durante muito tempo, ele escreveu roteiros que eu lia e ele sempre me permitiu dar opiniões. Depois comecei a conversar com o presidente da Federação Espírita Brasileira e fiz uma aproximação entre eles. Tive muitos encontros sempre levando o Wagner comigo. Aos poucos, foi se resolvendo a parte burocrática, de liberação, documentação e contratos.

Uma vez com isso na mão, ele começou a correr atrás de parceria para viabilizar o projeto. Aí, sim, ele disse que se pensava na possibilidade de eu interpretar o André Luiz. Comecei a me preparar para isso, relendo as obras, lendo o roteiro; aonde ele precisava que eu fosse, eu ia. Até que não precisei mais ir com ele à federação e pude cuidar da minha vida.

Chegou uma hora em que chamaram um *coach* com a ideia de começar as filmagens. Passei por todo o período de treinamento, emagreci 24 quilos em sessenta dias para as cenas. Até que bateram o martelo e decidiram que eu seria o André Luiz no filme *Nosso lar*. Acho que aquilo ali era o resultado de tudo que eu já havia plantado anteriormente.

Sobre *Nosso lar 2: os mensageiros*, posso dizer que também foi uma luta linda. Durante todos esses anos, a equipe inteira vinha lutando para viabilizar o mais rápido possível uma continuação, mas acho que foi encontrando dificuldades. Parece que o projeto saiu da Fox e foi para o Star+ e começaram novamente as conversas. Quando dei o depoimento para o filme do Chico Xavier de que, sim, o André Luiz estaria na continuação, estava participando de longe. Tenho uma agenda lotada, pois viajo pelo Brasil inteiro e para outros países.

Até a hora em que me chamaram para uma primeira reunião e eu li o roteiro. O personagem já estava formatado a partir do primeiro filme.

Em cada livro, provavelmente nos próximos, você precisa abrir o leque e contar as histórias em volta, porque a história do André Luiz já foi contada lindamente no primeiro filme. Agora vão ser histórias de que ele está participando na condição de mensageiro.

Ele comenta com algum daqueles que serão mensageiros sobre esse trabalho de visita a várias áreas do plano espiritual e terreno. Aí, apresenta-se e diz que gostaria muito de se juntar ao grupo. Quer entrar nessa jornada para poder reportar, através da mediunidade do Chico Xavier, mas também para o seu próprio aprendizado.

Primeiro tive de ver as fotos da época e ver se eu estava no peso ideal. Ele era muito magro e esguio. Conversando com o pessoal, chegamos à conclusão de que eu iria emagrecendo até que eles achassem que eu estava no ponto. Perdi uns 8 quilos da primeira reunião até a reunião com o elenco. Mas a figura dele, do ponto de vista comportamental, o público já conhecia e eu não podia trazer um novo André Luiz. Não pense que encontrei uma zona de conforto: foi um trabalho tão grande quanto o primeiro.

CONTINUAÇÃO DE *NOSSO LAR*

A repercussão histórica do fenômeno *Nosso lar*, lá de 2010, deixou na turma toda que trabalhou no projeto o desejo de "quero mais". O público referendava essa vontade, pois muita gente me interpelava, nas redes sociais e na rua, perguntando se o André Luiz um dia ia voltar aos cinemas. Era uma expectativa natural, diante da força do que fizemos. O projeto da continuação saiu da Fox e foi para o Star+. Começou-se novamente a conversar. Havia dado o depoimento para o filme do Chico Xavier de que o André Luiz estaria na continuação e, a partir daí, fui participando de longe por conta da minha agenda lotada, viajando o Brasil inteiro e para o exterior.

Até a hora que me chamaram para uma primeira reunião e eu li o roteiro. O personagem, que já estava formatado do primeiro filme, vai continuar sua jornada. Só que, a cada livro, você precisa abrir o leque e contar as histórias paralelas, porque a história do André Luiz já foi contada lindamente no primeiro filme. Agora vão surgir as histórias em que ele participa. Ele é um mensageiro que interage com alguns daqueles que serão responsáveis pelo trabalho de visita a várias áreas do plano espiritual. Ali, André se apresenta e diz que gostaria muito de participar dessa jornada para poder reportá-las, através da mediunidade de Chico Xavier, e para o seu próprio aprendizado.

Para retornar ao personagem, primeiro tive de ver as fotos da época e conferir se eu tinha engordado muito. André era muito magro e esguio. Chegamos à conclusão de que eu iria emagrecendo até que eles achassem que eu estava no ponto. Emagreci uns 8 kg da primeira reunião até o encontro com o elenco. Mas a formatação comportamental dele o público já conhecia e eu não poderia trazer uma nova. Tentei tirar uns quilos, um visual mais próximo de como ele terminou no primeiro filme. Mas não pense que era uma zona de conforto, foi um trabalho tão grande quanto o primeiro. A responsabilidade também. A maior parte dos grandes médiuns foi me ver nos palcos. O Divaldo foi me assistir no teatro mais de uma vez. Todas as pessoas que respeito foram ao teatro me assistir em algum momento.

No caso do Chico Xavier, aconteceu uma coisa interessante no dia em que ele fez 90 anos. O Rogério Faria, diretor do nosso espetáculo *Chico Xavier em pessoa*, é de Araguari, cidade mineira perto de Uberaba, e era amigo do secretário de Cultura da cidade. O Brasil inteiro estava na cidade para assistir, cumprimentar, abraçar Chico Xavier pelo seu aniversário, e era natural que a prefeitura quisesse oferecer ao líder espiritual alguma coisa.

Então perguntaram ao Chico o que poderia ser feito para que os 90 anos dele fossem mais felizes. Ele teria dito assim: "Será que o Renato Prieto não viria fazer aqui a peça *E a vida continua*?" Esse secretário, amigo do Rogério, perguntou se eu iria. Eu disse: "É uma equipe grande, umas 15 pessoas. A gente só precisa de estrutura para chegar aí, ônibus, avião, lugar para comer." Quando tirei uma foto com ele foi emblemático. Fui até ele, conversamos muito, ele sabia que eu estava lá e iria apresentar a peça.

Como já tinha dificuldades de locomoção e a peça seria encenada a uns 3 ou 4 km da casa dele, o Chico não pôde assistir. Mas fui à casa dele antes e depois da peça. Depois eu tinha mais tempo e a gente conversou um pouco. Você sente quando a pessoa está presente. Alguém se aproximou de mim e disse: "Ele só não viu o espetáculo, mas pediu para dizer que está muito honrado com a homenagem e acha tudo muito lindo." Não tenho dúvida de que, de alguma maneira, ele assistiu a tudo o que fiz. Quantos relatos a gente não ouviu de que o filme também foi transmitido em zonas espirituais? O Chico sempre me incentivava muito. Falava que era isso que eu deveria fazer e era para isso que eu estava aqui. Não faço política para conseguir coisas. Ele demonstrava muito afeto para comigo. Numa das vezes que estivemos juntos, ouvi uma das coisas que guardei para sempre: "Você sabe exatamente o motivo de estar fazendo isso. Conhece o grupo de onde veio, sabe que a responsabilidade desse grupo é a divulgação da doutrina através das artes. Você está nisso por afeto, amor, dedicação e vontade de falar com as pessoas sobre esse conteúdo. Se algum dia quiser se afastar, não vai contrair nenhum débito. Mas aconselho a não parar por estar indo muito bem e fazendo isso por afeto." A maior lição que o Chico Xavier deixa é, com certeza, a de humildade e de amor ao próximo. Chega a ser difícil, no meio de tantos exemplos, escolher uma só frase dele para guardar, um só ensinamento. Mas tem um que atribuem a ele e que nunca verifiquei se é mesmo: "Para de procurar aquilo que te pertence. Se te pertence, te pertence, então vais encontrar."

WAGNER DE ASSIS: UM PARCEIRO DE CRENÇA, UM PARCEIRO DE SETS

Um dia, minha figurinista, que estava fazendo um comercial com o jovem diretor Wagner de Assis, disse que me conhecia e perguntou se era possível marcar um encontro meu com ele. Naquele momento, ele estava no começo da carreira. Marquei um café na porta do Teatro dos Grandes Atores, na Barra da Tijuca, no Rio de Janeiro, onde estava atuando. Saí do camarim e fui me encontrar com ele. Conversamos e o Wagner disse que um dos sonhos dele era levar os nossos espetáculos para o cinema. Pela primeira vez, não ouvi meus amigos espirituais me dizerem que não iria dar em nada. Parecia algo otimista. Era um diretor perseverante que estava ali à minha frente, era alguém com gana. Quando cheguei ao camarim, me perguntaram como foi o encontro e eu disse que algo iria acontecer.

Mas, para isso, eu precisava abrir alguns caminhos para o Wagner. Quem tinha os contatos era eu, os direitos do teatro também. Durante quatro anos aconteceram reuniões sucessivas até chegarmos ao roteiro definitivo do que viria a ser o filme *Nosso lar*, lançado em 2010, e que, por muitas razões, mudou a minha vida. Foram 4 milhões de pagantes. Esse filme pôs o meu nome na boca de executivos de Hollywood, uma vez que se tratava de um projeto dos estúdios da Fox, com música de Philip Glass e fotografia de Ueli Steiger. Era um luxo fazer parte daquela empreitada. E foi um luxo retomar a história com ele numa sequência que ficou pronta para ser lançada em agosto de 2023, também com fome de bilheterias colossais. Em 2022, Wagner deu uma entrevista ao *Correio da Manhã*, jornal histórico do Rio de Janeiro que voltou às bancas em 2019, depois de *muuuuuito* tempo sumido. O jornal foi ver o nosso set de filmagens e extraiu uma reflexão bacana do que viu:

> "O maior desafio de um projeto desses é falar para todo mundo, para muitos públicos, seguindo um tema que é inesgotável e não se limita à religião, flertando com a ideia de diferentes realidades que convivem. É um estudo sobre a nossa condição no planeta. E eu espero que quem viu o primeiro veja o segundo. Estamos trabalhando para isso, ao narrar da melhor e mais emocionada forma", diz Assis, que regressou à arena da espiritualidade, em 2019, com *Kardec*, também um sucesso de público. "Chico Xavier não se mede em números nem em livros. Ele está presente na forma de uma filosofia que ajudou a criar, mas também em obras de caridades, no sentimento assistencial. E neste novo filme, a partir do livro dele, a gente cria uma ponte com o presente."

No momento em que conheci o Wagner, o número de espectadores que tinha me assistido no teatro já havia ultrapassado a casa dos 5 milhões. Eu já tinha percorrido os principais municípios de todos os estados do Brasil, criado vínculos com pessoas que me abriam as portas nos estados. Quando comecei a filmar, sabia que era um investimento arrojado para quem teve uma carreira focada no teatro. Tive de aprender com todo mundo, que também estava aprendendo. Entender as pessoas e ouvir quem sabia mais que eu em determinados aspectos. Aquilo tudo foi uma universidade para mim.

Aquele público que já tinha me visto durante aqueles anos todos agora podia me assistir de outra forma. Eu teria como atingir vários lugares ao mesmo tempo. Eles, que me ampararam e cuidaram de mim o tempo todo. Toda essa vivência ampliou os meus horizontes e foi de suma importância para solidificar minha carreira. Chamo isso de "promoção de novas responsabilidades".

É preciso levar em consideração que (digo com muita humildade e gratidão), naquele momento, eu já vinha abarrotando os teatros do Brasil inteiro. Fui trabalhando devagar em cada estado, criando conhecimento e intimidade com as instituições espíritas locais e acabei tendo tudo isso catalogado. Em cada capital a que cheguei, sempre lotei os teatros. Fazia apresentações com 2.400 pessoas em uma única sessão. O sucesso já estava estabelecido e agora estava colhendo os frutos. Ciente de tudo aquilo, Wagner acreditou que eu seria a pessoa ideal para uma adaptação do *best-seller Nosso lar*, que ele conhecia bem. Iafa Britz foi a nossa produtora nesse processo. Produtora do fenômeno *Minha mãe é uma peça* (2013-2019), idealizado e estrelado por Paulo Gustavo (1978-2021), Iafa cuidou de cada detalhe do projeto de adaptação da prosa de Chico Xavier com capricho de ourives, deixando Wagner livre para soltar sua imaginação e sua sensibilidade na representação da Cidade Espiritual e seu simbolismo. Fez isso no primeiro filme e repetiu o feito na parte 2, *Os mensageiros*, rodado em 2022. "Muita coisa mudou na maneira de se fazer cinema no Brasil desde o primeiro filme, mas a gente acredita no apelo humano dessa história, numa discussão sobre amor e solidariedade", disse Iafa nessa mesma reportagem do *Correio*.

No caso, o filme veio solidificar todo esse trabalho. Minha imagem foi vista na casa de todo mundo, bem divulgada na imprensa e em entrevistas no Brasil inteiro. As pessoas viram o filme no cinema e, depois, no DVD e no *streaming*. A obra foi para o exterior, o que me fez realizar trabalhos fora do país, na América Latina, Itália, Suíça, Alemanha, Portugal e nos Estados Unidos (Nova York me acolheu na cena off-Broadway para apresentações da minha peça *Encontros impossíveis*). Isso ampliou muito os meus horizontes e tudo foi calçado em um trabalho feito ao longo de duas décadas.

A consequência principal do filme foi a abertura para um público diferente, pessoas que vão mais ao cinema e menos ao teatro. Fiz matérias em revistas ou jornais que talvez eu ainda não tivesse feito. Diria que o filme solidificou em cinema um trabalho realizado exaustivamente durante duas décadas dormindo em palcos de teatro, hotéis de beira de estrada, rodando de município em município em vans apertadas. Lembro que fazia a agenda de espetáculos para manter contato com aquelas pessoas, trabalho que seria muito mais fácil se naquela época houvesse as redes sociais.

O filme teve uma recepção magnífica da imprensa e todas as críticas me deixaram numa posição privilegiada. Isso tudo me traz novas perspectivas para avançar até outros horizontes. É bom sempre manter os olhos e o coração abertos para novas oportunidades, não é mesmo?

EVOLUÇÃO

Moacyr Franco gravou uma música que dizia: "Vi que a Graça nunca vem de graça. Os pecados eu paguei primeiro." Esses versos me fazem pensar que a gente nunca alcança a evolução sem passar por espinhos. Os americanos têm até um ditado para isso: *"No pain, no gain",* que quer dizer: "Sem dor, sem ganho".

Na espiritualidade, há áreas em que o sofrimento está presente. Lá ficam alguns irmãos nossos por equívocos que cometeram ao longo da vida: é a consequência de algo que eles mesmos produziram. Mas existem também as áreas em que os espíritos que tiveram uma vida bacana ficam bem e em paz. Sair dessas zonas de sofrimento e entrar em lugares de maior harmonia é a prova de nossa evolução.

Referência do espiritismo e da empatia, Chico Xavier sempre ajudou muita gente com seus conselhos e livros psicografados. Mas uma curiosidade marcou esse tão querido médium. A primeira coisa que Chico gostava de saber quando recebia a visita de alguém eram as novidades da cidade da pessoa. Ele era muito bem-humorado. Tanto que a história do avião em que ele pede socorro, contada ao vivo num programa de auditório da TV brasileira, é hilária.

Existem, no plano espiritual, uma alegria e um humor saudáveis, muito inteligentes e interessantes, e tudo se liga pela afinidade. Não tenho dúvida nenhuma de que, com todos os amigos espirituais que lidei, as conversas foram muito bem-humoradas. Há muita alegria e amor nas áreas em que os espíritos merecem estar, nas melhores condições.

Nas outras, lamentavelmente, as pessoas apenas estão colhendo o que plantaram. Coisas pelas quais posso ter passado em alguma vida. Não estou nesse corpo fazendo turismo, estou aqui para evoluir. Nenhum de nós está aqui como turista. Todos temos um caminho para aprender. Tenho, cada dia mais, a sensação de que, ao unir o teatro aos estudos espíritas, com um temperinho do cinema nessa história, encontrei um modo de tornar o aprendizado mais leve, menos tempestuoso.

Nas filmagens de *Nosso lar 2: Os mensageiros*, eu dei uma entrevista ao *Correio da Manhã* em que fiz uma reflexão que considero essencial: "Como qualquer outra manifestação das artes cênicas, o teatro de temática espírita precisa ter qualidade, conteúdo... precisa ter bom texto, boa direção, boa iluminação. Em uma peça teatral, vamos ver um fulano em cena fazendo uma comédia sobre separações de família ou narrando um drama ligado a problemas existenciais... da mesma maneira como veríamos em uma peça que não tem conexão com a metafísica. Os gêneros estão lá. Mas há um conteúdo que se dedica a pensar, profundamente, sobre de onde viemos, sobre o que estamos fazendo aqui, sobre a dimensão para onde vamos quando tudo terminar. E o mesmo conceito vale para o cinema ligado à espiritualidade."

Os filmes que se tornaram um sucesso de bilheteria a partir de 2008 — quando *Bezerra de Menezes: O diário de um espírito* teve cerca de meio milhão de ingressos vendidos — são narrativas fiéis aos gêneros com os quais dialogam: a comédia, o drama, a tragédia, o *thriller*. Mas misturam aos códigos desses filões uma reflexão sobre a existência e sobre como a gente resiste nesta Terra. Isso fica visível em *Nosso lar* (2010), na sequência em que a Segunda Guerra é citada, com a chegada das vítimas do Holocausto ao Plano Espiritual. É uma forma de compartilhar com o público como nós entendemos essas grandes tragédias e convidar a plateia a uma reflexão.

A produção de *Nosso lar 2: Os mensageiros* coincidiu com as fases finais da pandemia da covid-19 e com todas as perdas que sofremos. Todo aquele processo de quarentena que vivemos entre 2020 e 2021 foi muito difícil para mim, como foi para muita gente. Sem poder encenar, com os teatros fechados, passei dificuldade. Mas quem não passou, não é mesmo? Todos fomos atingidos. Até por isso, foi importante fazer esse segundo filme: precisávamos conversar com as pessoas para entender o que elas sofreram, para entender o que se passou. A doutrina se baseia em entendimento, sempre. Nossa arte também. Ela inquieta e faz pensar, mas também gera conforto. Convida a plateia a pensar o seu cotidiano, a repensar seus atos. Quando realizou o primeiro *Nosso lar*, o diretor Wagner de Assis fez o cinema refletir sobre o que existe depois da finitude da matéria. E muitas pessoas vieram me procurar no final do filme, tocadas, comovidas, falando da importância que a história de André Luiz teve na vida delas. Essa é a arte em que eu acredito. Esse é o cinema que quero fazer. E o público responde bem, por notar a nossa sinceridade e a nossa urgência.

Só não é fácil. Mas o que é?

"QUE NEM MARÉ"

Se tem uma classe profissional que foi prejudicada no planeta, durante a pandemia, foi a classe artística, sobretudo a que reúne as pessoas de teatro. Nós, do teatro, fazemos cinema e televisão uma vez ou outra. Mas o palco é a mãe de todos e o teatro sofreu muito. No entanto, ressurgimos das cinzas o tempo todo. Corremos e começamos a abrir janelas *online*. Fui um dos primeiros a começar a fazer apresentações teatrais *online* e um dos primeiros a conseguir uma variedade de público muito considerável em relação ao mercado, via internet. Precisamos nos reinventar, sempre. O teatro não vai morrer nunca porque ele tem a capacidade de reabrir suas portas em outros territórios, como as *lives*. Mantenho uma *live* semanal, *Evangelho no Lar*, com um público que se reúne toda segunda-feira. Público que angariei no teatro, que também inclui uma turma que se interessou em me seguir a partir das reflexões da doutrina espírita. Mas não parei por aí.

Depois de toda a ressaca moral e financeira provocada pela pandemia da covid-19, a classe teatral se mobilizou como pôde para devolver as plateias às salas de espetáculos, por vezes mesclando vídeo e encenação, por vezes apelando para conjunções com outras artes, como a música. Nos dias 11 e 12 de setembro de 2021, experimentei um caminho novo para minha carreira: um espetáculo *online* — meio peça, meio show — para fazer com um ídolo da MPB. O escolhido foi o cantor e compositor Jorge Vercillo, um grande parceiro nesse exercício de lirismo.

Jorge Vercillo é um amigo irmão muito querido. Sua música não é feita do dia para a noite. Ele vai para o estúdio e investe pesado no trabalho para alcançar toda a qualificação que busca. No meio de uma conversa, a gente chegou a um espetáculo capaz de misturar textos de grandes pensadores com as letras dos grandes sucessos dele. Em busca de um equilíbrio entre nossos estilos, chamamos um roteirista e diretor querido: o Rogério Faria Júnior. E demos o nome de "Mensageiros" a essa experiência de dupla via. Vercillo é um mensageiro de ideias, de melodias. E eu sou um mensageiro da espiritualidade. O que juntou a gente foi esse ponto. Dois artistas — um do teatro, outro da MPB — seguindo o caminho do meio, em busca da força espiritual.

Estudamos todas as músicas dele, todos os textos que eu gostaria de falar. Textos que tivessem profundidade psicológica, que levassem as pessoas a dizer: "Nossa! Como não pensei nisso antes!"

FÉ, PALAVRA E PROFISSÃO

Quando a gente trabalha com Tennessee Williams, seja em *Um bonde chamado desejo* ou qualquer outra boa peça desse dramaturgo americano, alguns diálogos ficam para sempre em nossa memória. Não porque a gente tenha muito espaço livre no disco rígido do cérebro para memorizar, mas sim pelo fato de serem falas faróis, que nos iluminam. Gosto em particular desta: "Se eu me livrasse de meus demônios, perderia meus anjos."

Acredito que a fé se constrói nesse equilíbrio.

Nunca precisei testar minha fé. Sempre senti dentro de mim que havia algo que eu já conhecia, que o caminho seria de tal maneira. Sempre preferi trabalhar e me comprometer com boas ideias e bons conteúdos. Quem tem fé não tem dúvidas, essa é a grande realidade.

Uma pessoa com fé é a semente de uma vida luminosa que irradia pelo corpo espiritual inteiro. Ela vai trabalhando até encontrar a nascente. Quando você fura a terra e desiste dela, deixará de encontrar uma nascente com água límpida e potável.

Pela minha vivência, tenho a impressão de que não dá para a espiritualidade amiga ajudar alguém que não quer ser ajudado. A coisa mais forte e importante do ser humano é a intuição. Um amigo espiritual me disse uma vez que, quando pedimos ajuda e socorro a esse plano, a resposta vem imediatamente. Mas a gente começa a intelectualizar a resposta, fazendo com que ela deixe de ser genuína. Esse é o modo de testar a fé.

Tennesse me ilumina de novo: "Chega um momento em que você olha para o espelho e percebe que o que você vê é tudo o que você jamais será. E então aceita. Ou se mata. Ou para de olhar nos espelhos." Adoro essa reflexão que um autor teatral do porte dele cria em peças como *A noite do iguana*. Saber aceitar é uma arte. O desafio é extrair uma lição prospectiva do que aparece diante de nós. Talvez por isso venha dele também esta: "Há uma hora de partida mesmo quando não há lugar certo para ir." É questão de fé.

Fé, mesmo, eu sempre tive. E continuo tendo. Todas as vezes em que o abismo parecia estar olhando para mim e me chamando para pular, apareceu uma corda em que eu pude me segurar. A corda da esperança. Tem gente que passa uma encarnação inteira só fazendo turismo enquanto está no corpo terreno. Mas como eu não vim à vida a passeio, aproveito, dia a dia, para aprender, para tentar entender o que se passa comigo e com as pessoas à minha volta.

Como essas pessoas que são devotadas vão movimentar ventos e vendavais para que eles não venham na direção daquele que duvida? Porque, no final das contas, se duvida da existência de Deus. Machado de Assis escreve que gosta de números porque eles não comportam metáforas. Deus, para alguns, é apenas uma metáfora. Para outros, Deus é ser e estar. É processo. Deus é teatro. É um palco no qual desenhamos o tempo para fazer o espaço ganhar mais e melhores cores.

Não tenho medo de metáforas, eu tenho medo é da inércia, da sensação de não estar correndo atrás, do impasse. É no "corre", ou seja, é em ação que a vida nos mostra caminhos. Você pode até tentar se esconder da vida, mas ela vem atrás de você e te puxa.

IDEIAS INOVADORAS MOVEM O MUNDO

Se eu pauto a minha vida pela certeza de que nada há de ser fácil, preciso estar pronto para correr atrás, ter planos A, B e C. Inventar é reinventar-se. Todo dia. Fiz muitas ações e parcerias inovadoras para divulgar e atrair público para as minhas produções. Há três portas que foram abertas por mim para a área teatral das quais me orgulho muito. A primeira foi a história do *pager* da Teletrim. (Para quem não conheceu ou não se lembra, *pager* foi um dispositivo eletrônico para contatar pessoas por meio de uma rede de comunicações. Também conhecido como *bipe*, o dispositivo fez grande sucesso nos anos 1980 e antecedeu ao celular.)

Lembro que fui até o escritório da empresa, na avenida Presidente Vargas, no Rio de Janeiro, e falei que queria fazer uma parceria. Nessa parceria, eles enviariam uma mensagem uma ou duas vezes por dia convidando seus clientes a irem assistir Renato Prieto no Teatro Vannucci. Quem apresentasse seu *pager* no teatro, ganharia 50% de desconto para um acompanhante. Acharam a ideia ótima. Depois, todo mundo foi atrás de mim.

A segunda envolve televisão e partiu da fala de um amigo, que disse que os produtores de teatro eram muito emocionais e não sabiam fazer negócio. Naquela época, o escritório do SBT era em frente ao Aeroporto Santos Dumont e a emissora estava em disputa com a Globo pela audiência, ficando em segundo lugar de acordo com o antigo Ibope. Quem mandava na área era Sara Abravanel, irmã de Silvio Santos. O diretor comercial do SBT me recebeu e eu comentei que a emissora tinha espaços não utilizados entre um comercial e outro e perguntei por que não cediam esses espaços para divulgar cultura como apoio institucional. Ele me disse para fazer um anúncio-piloto e entregar, que ele depois mostraria para a Sara.

Um amigo que tinha um estúdio de gravação na Urca me cedeu um horário e fizemos um anúncio de 13 segundos. No dia seguinte, entreguei a peça e, mais tarde, ela estava no ar em toda a programação do SBT.

Com cara de pau e desenvoltura, saí da sala do diretor comercial e perguntei onde era a sala de Sara Abravanel. Uma moça chamada Catarina, que era a única assessora de Sara, tinha me visto numa peça. Falou de mim para a empresária e contou o que estava acontecendo. "Preciso que a senhora dê o OK", disse Catarina. O anúncio foi aprovado e deu no que deu. Mais tarde, consegui a mesma coisa na Band e na Manchete. Logo depois, a TV Globo começou a imitar.

Outro dia, lá vou eu para a porta do jornal *O Globo* com mais uma ideia. Quando fui recebido, sugeri a criação de um projeto chamado "O Globo no Teatro". O valor do anúncio cairia 50% com a logomarca Globo no Teatro. Gostaram da ideia e, logo depois, marcaram o lançamento, à noite. Foi feita uma camiseta, que eles distribuíram. O Rio Show tinha, em média, seis anúncios pagos e, após o começo da campanha, esse número pulou para 46. Sucesso absoluto, inclusive para a área comercial do jornal.

Seria muita falta de humildade achar que fiz tudo sozinho, mas o fato é que essas ideias foram boas não só para mim, pois abriram possibilidades para a classe teatral brasileira ter mais visibilidade. Eu precisava estar na sala e essa é a parte que interessa.

DOAÇÃO, AMOR SEM RETRIBUIÇÃO

Não gosto da palavra "filantropia" nem da palavra "assistencialismo". O próprio Chico Xavier não usava esses dois termos, embora encarnasse o que há de melhor em ambos. Prefiro dizer "ajuda para os irmãos menos favorecidos". Isso em mim é orgânico e há uma história emblemática a esse respeito.

Sempre gostei de fazer caridade desde menino. Fazer o bem ao próximo sempre me encheu de alegria. É algo orgânico. Assim que passei a ter minhas próprias posses, por conta do meu ofício como ator, eu me envolvi num trabalho social ao qual já me referi neste livro. Tinha uma querida amiga, Natalina Santos, que morava no morro do Juramento, na zona norte do Rio de Janeiro. Durante dois anos fiquei no ar com *Humor livre*, um programa que ia ao ar todos os domingos na TV Globo e no qual eu tinha um quadro fixo que fazia o maior sucesso. As pessoas me reconheciam; no morro, nem preciso dizer. Comecei então a fazer uma campanha.

Deixava recado por todo o Leme e as pessoas traziam doações para o prédio em que morava. Primeiro, eu tirava todas as bolsas de dentro do meu apartamento e deixava no corredor; depois, fazia várias viagens para o elevador levando as doações até a área de serviço da garagem. Quando estava tudo lá embaixo, tinha sempre alguém que me ajudava. A Elaine Marques, uma atriz que hoje mora em Nova York, sempre me ajudava nesse trabalho solidário. A gente carregava as bolsas até um ponto de ônibus do Leme e ia de lá até o morro do Juramento

— lembrando que tinha uma baldeação no Centro da cidade. Quando chegávamos com todas as bolsas de alimentos, tirávamos tudo do ônibus e colocávamos na rua.

No meio disso comecei a fazer a novela *Sinhá Moça* e isso saía nas revistas, com fotos minhas. O trabalho foi crescendo. Uma única vez encontrei com o Escadinha, traficante poderoso da área na época, numa padaria. Nas doações, às vezes, se recebiam quilos de alguma coisa a mais. Eu então perguntava ao dono da padaria, Cláudio, quanto ele pagaria por aquilo e trocava por pães ou biscoitos. Principalmente pães. Levava sacos e sacos de pães. Todos que recebiam as cestas básicas ganhavam também uma sacola de pães.

Um dia, o Escadinha estava na padaria e vi que ele cutucou alguém. Perguntou o que aquele artista estava fazendo ali e o dono da padaria falou do trabalho que eu fazia. Ele me chamou e disse: "É o seguinte, artista, muito bom esse trabalho que vocês fazem. Se outras pessoas como você viessem com esse grupo de trabalhadores para ajudar, muita gente aqui poderia se encaminhar na vida e ter um futuro melhor." Era um cara inteligente e tinha informação.

Aproveitei a ocasião e perguntei se eu poderia fazer um pedido. Ele aceitou e eu falei: "Não permita nunca que o grupo que trabalha com vocês traga alguma coisa para o trabalho social." Ele respondeu: "Quanto a isso, não se preocupe. O trabalho que vocês fazem é maravilhoso."

Lembro que, uma vez, estava tendo um conflito entre os dois pontos do morro e ele mandou alguém ir correndo nos avisar porque sabia que no dia seguinte teria o trabalho. Era para as pessoas encontrarem uma solução para que naquele dia, nossa atividade acontecesse em outra área. Alguém nos emprestou um clube para não colocar ninguém em risco.

Por conta da violência, esse projeto acontece hoje na comunidade da Galinha, com o grupo formado por membros da minha reunião espírita, ainda à frente dos trabalhos que continuam se realizando da mesma forma. Tempos depois, conheci um cara chamado Alexandre, que fazia um trabalho bonito em Recife. Fizemos apresentações de todos os espetáculos por lá. Hoje, quando vou a Recife, a televisão e o jornal nos concedem muito espaço, dada a grande credibilidade do trabalho. Nossa visibilidade é tal que as televisões chegam a transmitir o que fazemos.

Um dia, o ator Victor Meireles falou de um projeto denominado "Visão do Bem", realizado no morro de São Carlos, também no Rio de Janeiro, por uma mulher chamada Ana. Ele disse que ela montou uma pequena sala para pessoas com problemas de visão, com idosos e crianças. Entrou em contato com um fabricante de óculos e conseguiu que ele entregasse os óculos a preço de custo e que também contemplasse os beneficiários com todos os exames de vista.

Nós arrumamos doadores que contribuíssem com uma pequena quantia revertida para a compra de óculos para os idosos e crianças com problemas de visão.

Doação de alimentos

Não posso assumir minha condição de seguidor da doutrina espírita sem praticar a caridade, sem cuidar do próximo, sem me incomodar com o fato de que muita gente dorme de barriga vazia por não ter como comprar comida. O que mais me encantou na modalidade de teatro espírita, além da chance de refletir sobre a alma e sobre o lugar dela neste planeta, foi poder articular doações, promover assistência. O marco zero desse projeto aconteceu no espetáculo *Além da vida*. Ali comecei a ter certeza de que tudo que eu tinha feito anteriormente havia sido um grande treino para a verdadeira tarefa que eu tinha no corpo, que era levar adiante a divulgação dos assuntos espirituais pelo caminho das artes. As pessoas que tinham iniciado o projeto antes, mas não podiam mais ficar, entenderam que deveriam passar a bola para mim e foram entregando a missão nas minhas mãos. Entendi isso. Outra vez, entrei em um conflito porque diziam que eu era jovem e bonito, e estava encerrado em um segmento. Mas preferi ficar com o entendimento daqueles que disseram: "Vá e não pare!"

Hoje conto umas três mil instituições de caridade atendidas. Cada temporada que faço arrecada toneladas de alimentos. Acho que estamos sendo generosos. Na nossa peça, o preço mais baixo oferecido era o quilo de alimento não perecível. Meu camarim ficou cheio de alimentos. E não foi uma nem duas vezes, não: foram milhares de vezes.

Não era com a minha família que eu fazia essa operação de angariar donativos. A minha família sempre esteve no Espírito Santo, nunca tive ninguém aqui. Éramos eu, Deus, os amigos espirituais e quem quisesse me estender as mãos. Mas ninguém chega ao 20º degrau sem passar pelos 19 anteriores e não demonstrar gratidão. Gosto muito de uma frase que usei num diálogo de *Chico Xavier em pessoa*: "Os seres humanos são como anjos de uma asa só. Precisam se abraçar um ao outro para poderem voar."

Hoje, com a minha mãe já falecida, eu diria que as minhas escolhas são baseadas nela. Se ela aplaude, eu aceito; se tem vergonha, não aceito. Ela é o meu termômetro. Imediatamente tenho uma resposta dentro de mim. Tomei diversas decisões assertivas que não me trouxeram dinheiro ou prestígio. Muitos críticos disseram coisas sobre mim, outros nem escreveram. Mas um grande diretor como Ulysses Cruz, por exemplo, me disse: "Só conheço seis pessoas no mundo como você." Minha convicção é de que essa é a minha missão e isso precisa ser feito de forma limpa.

UMA TRUPE QUE APRENDEU A SER PARA SEMPRE

Quando comecei este livro, tinha acabado de entrar em cartaz com a peça *Chico Xavier em pessoa*. Estreei em 21 de janeiro de 2023, um dia depois do feriado de São Sebastião no Rio de Janeiro, para que o padroeiro da cidade pudesse me abençoar. Conforme fui escrevendo, sem deixar um dia que fosse, os ensaios para aprimorar a dicção e o gestual, percebi que a família teatral que construí ao longo dos anos estava sempre ali, ativa, dando suporte para que eu pudesse escrever para você e explicar por que as coisas nunca são fáceis para mim. Mas esse ponto, o do companheirismo da minha trupe, posso definir como um ponto dissonante: aí tudo é fácil e doce.

Costumo me referir ao meu trabalho com teatro como o Projeto, o Projeto Renato Prieto Apresenta, pela natureza social que ele tem ao arrecadar doações para as comunidades carentes próximas aos teatros em que me apresento, agregando instituições de caridade. Mas não estou sozinho nessa. E não falo dos espíritos, embora estes (também) estejam sempre comigo.

Durante alguns anos, minha equipe foi muito grande. Eu tinha um amigo na Transbrasil, uma amiga na Vasp e ainda um amigo queridíssimo, o Miguel Dau, na Azul Linhas Aéreas. Com a força deles, de apoio à Cultura, pude viajar muito de um lado para outro do Brasil, com uma turma grande ao meu lado. Minhas equipes chegavam a ter 12 pessoas, reunindo profissionais de diferentes áreas. Cheguei a viajar com 18 pessoas para encenar um espetáculo. Sem poder me preparar para isso, tive de enxugar meu operativo, mas há um grupo que nunca saiu de perto de mim.

Sempre falei para a espiritualidade: "Quem precisa ficar vai ficar; quem precisa ir vai." É uma lei da física. Ou melhor, a metafísica dos espíritos. Para ser parte do Projeto, você precisa estar despido de vaidade e ser cauteloso em relação à busca por sucesso e resultados financeiros. Tem gente que nunca saiu de perto de mim, nos palcos, e está aí até hoje. Faço só um aparte aqui para destacar a falta que me faz a Fernandinha — a administradora Fernanda Barbosa —, que desencarnou. Foi minha fiel escudeira durante muitos anos. Hoje é a Alessandra Meirelles quem faz esse papel. E também o faz com amor.

Não dá para falar em primeira pessoa sem conjugar os verbos nas demais pessoas do discurso amoroso em que a minha vida se fragmenta — e com o qual se fortalece. Não é uma lista de coleguinhas, de agradecimentos. Essa gente é a minha vida. É o meu todo dia.

Em casa, há anos, eu não seria ninguém sem a Denise Guedes, que acabou me trazendo algo lindo, tão lindo quanto sua dedicação ao trabalho... mais lindo até: seus dois filhos, que se tornaram os filhos do meu coração. Você acha que ela não é do teatro também, mesmo estando dedicada à organização da minha casa? Como é que eu ia fazer teatro sem harmonia no meu lar? O clima de paz do Leme ajuda, mas não é tudo. Não é fácil... nada é.

O diretor ator Rogério Faria Jr. está sempre comigo, o tempo todo, a vida inteira. Márcio Boti, meu técnico, sempre cuidou do palco e das montagens de imagens que compõem muitas das minhas peças, sobretudo a partir de *Encontros impossíveis*, que estreou em 2013, no Teatro Leblon. Eu diria que muita gente vem e vai. O dramaturgo Cyrano Rosalém, meu amigo querido, já escreveu muito pra mim. Esteve comigo durante uma fase importante da minha carreira. Ele adaptou para mim as peças baseadas no universo de Chico Xavier. Está sempre por perto. Há outros parceiros de escrita também, como o crítico de cinema Rodrigo Fonseca, que investe na dramaturgia ao meu lado.

Essas pessoas, mais a Cláudia Rolim, minha assessora de imprensa, sempre estão comigo em qualquer circunstância. Estão comprometidas como eu. Um bom exemplo é o produtor Jorge Correia, que está à frente de tudo o que faço em São Paulo. Algumas pessoas entraram e saíram. Mas essas que mencionei continuam. Elas acreditam no projeto e emprestam seus talentos em algum grau de colaboração, enriquecendo o nosso trabalho.

É como se a espiritualidade me colocasse no meio e essas pessoas ficassem criando uma blindagem em torno de mim.

Como as boas famílias fazem.

JOÃO-DE-BARRO

Tá chegando a hora deste livro acabar, mas, antes de terminar, tem um trecho de um espetáculo que fiz (e sobre o qual já falei aqui), *Encontros impossíveis*, que ficou dez anos em cartaz que eu gostaria de compartilhar com você. Essa peça, dirigida pelo Gustavo Gelmini, a partir de um texto do Rodrigo Fonseca, conta o dilema de um jornalista, Adão, que um dia, em seu apartamento em Copacabana, recebe a visita de uma série de espíritos ilustres. Tem Freud, Marilyn Monroe, Madre Teresa e... Chico Xavier. Queria reproduzir aqui um pedaço da nossa dramaturgia, quando Chico, a fim de apaziguar o coração inquieto de Adão, conta a ele um causo.

É assim:

CHICO XAVIER
    Adão, uma vez veio um homem bater na minha porta, dizendo que queria muito, muito, entender a lógica do joão-de-barro, aquele passarinho, que faz a própria casa.

ADÃO
    Chico, mas o que essa história tem a ver comigo?

CHICO XAVIER
(NAS TELAS IMAGENS DA HISTÓRIA)

Esse homem que passou lá em casa ficava me contando uma história de que o joão-de-barro, quando acha que sua fêmea pulou de galho em galho com outro macho, prende a amada dentro de casa e tampa a porta do seu lar com lama fresca. E fica vigiando até a lama secar, pra ver sua mulher pássaro morrer ali dentro, sem bater asas, nunca mais. Eu perguntei se esse homem tinha matado a mulher, se tinha ciúmes, se estava sofrendo de amor. Não era nada disso, esse homem me abraçou chorando e disse: "Chico, eu tô com saudade, eu tô com saudade do meu pai. Foi ele que me contou essa história, para que eu entendesse que amar pode ser perigoso e que os passarinhos devem ser livres, independente daquilo que a gente ache que acha que é certo. O certo pro passarinho é o céu. O certo da minha vida é o sorriso do meu pai, meu coração joão-de-barro, que eu ia prender aqui dentro pra morte não levar, mas a morte levou ele de mim". O homem continuava chorando, me abraçando, com olhos de passarinho. Eu abracei aquele homem, Adão. E só consegui dizer para ele uma coisa: "Voa, joão-de-barro." Dois dias depois, aquele homem voltou a mim e dessa vez estava com um sorriso no rosto e disse: "Chico, hoje eu vou te abraçar com um sorriso, porque eu tô muito feliz. O dia que eu saí da sua casa arrasado, passei na frente da casa onde meu pai morreu. Eu achei que fosse cair de chorar, mas aí eu olhei pro teto da casa, uma casa velha. E vi uma coisa que me fez sorrir."

ADÃO
>   O que que ele viu, Chico?

CHICO XAVIER
>   Ele viu uma casa de joão-de-barro. Isso é o que ele
>   viu. Mas por dentro ele viu outra coisa, ele viu o pai
>   dele. O seu trabalho, Adão, foi a sua casa de joão-de-barro,
>   você deixou muitas construções bonitas, que vão
>   durar para sempre na memória daqueles a quem você amou,
>   daqueles a quem você ajudou, daqueles a quem você foi
>   justo. Daqui, de onde você está, Adão, você vai ver que
>   todas as casas que você construiu estão abertas. E as
>   portas que você abriu são apenas o começo, é hora de
>   aprender a abrir outras portas, meu filho. Voa,
>   Adão!

Essa peça é um rito de aprendizagem. Todo dia da nossa vida é um aprender contínuo.

Nosso dever de casa é fazer da vida o nosso Céu na Terra. Nosso dever de casa é fazer da vida um parágrafo para um viver diferente, feliz, em paz.

MULHERES NA MINHA VIDA

Se eu pudesse definir essa conversa sobre a força do feminino que me rodeia, diria que todas, sem exceção, diziam: "Sua mãe não está aqui e nós estamos aqui para suprir esse lugar." É interessante isso porque quase todas as mulheres sábias com as quais cruzei ocuparam de alguma maneira esse lugar materno. A Denise, que trabalha na minha casa até hoje e me deu o prazer de ter dois filhos do coração. Minha mamãe Florisbella ligava para ela e dizia: "Renato é o único filho que não está perto de mim. Você sou eu aí. Cuide dele e que nunca lhe falte nada."

Isso foi se espalhando para essas outras pessoas que posso citar, como a Ileda Moreira Cavalcante. Ela tinha vindo de Fortaleza para o Rio com o marido e os filhos para trabalhar aqui. Sabia o que era ficar distante dos seus, era sempre do mesmo jeito. "Minha casa é sua casa." Todas as boas festas de que participei eram na casa dela: Natal, ano-novo, aniversário. Fora que ela sempre ficava cobrando do Pernambuco de Oliveira para me indicar a um trabalho e dizia que ele precisava me proteger. Tenho uma gratidão profunda pela Ileda.

Em seguida, veio a Diva Moreira Cavalcante, que eu chamava de "Divina Diva". Eu estava sentado no corredor do meu prédio com problema de respiração, por conta das obras realizadas em torno do edifício. De repente, vem aquela mulher empurrando uma cadeira de rodas e com uma perna só. Diva não tinha a perna esquerda e o braço direito. Ela levou um caldinho para mim dizendo que eu ficaria muito bem após tomar aquela iguaria. Ela passou a ser um cuidado e uma responsabilidade minha. Todos os artistas que iam à minha casa a conheciam. Entre elas, a nossa querida Miriam Rios, casada com o Roberto Carlos na década de 1980. Eu acabava indo a muitos shows do Roberto, e ele recebia somente nós dois no camarim. Todas as vezes que o reencontrei, o Rei sempre se lembrava da Diva e era muito carinhoso comigo.

Eu tirava pelo menos um dia por semana para passar com a Diva. Com ela, aprendi uma grande coisa: a dificuldade que é se movimentar como cadeirante por conta dos empecilhos que existem numa cidade cosmopolita como o Rio de Janeiro. Esses empecilhos, porém, nunca me impediram de levá-la a todos os lugares que ela quisesse. Eram minhas as fotos espalhadas pelo apartamento dela, que me chamava de "Natinho". Para qualquer pessoa que perguntasse, ela respondia que eu era seu filho.

Há uma história interessante com a Diva. Um dia marquei de buscá-la para um passeio. Algum dos porteiros a levou até a esquina onde ela ficou me aguardando. Quando cheguei, estava às gargalhadas. As pessoas passavam por ela na cadeira de rodas e lhe jogavam dinheiro. Ela me perguntou o que fazer com o dinheiro, porque não precisava dele. Foi confundida com uma pedinte por ser cadeirante. Eu disse para ela doar para alguém e foi o que ela fez.

O prédio em que ela morava era de um único proprietário e lá todos a amavam. Deram-lhe um pequeno apartamento no térreo para facilitar sua locomoção, gratuitamente, sem que ela pagasse nada, e assim foi até o fim da sua vida. As pessoas que estavam fazendo obras no prédio me disseram que, se eu desse o material, eles reformariam todo o apartamento e o colocariam em condições mais adequadas para a locomoção dela. Eles iam após o horário de trabalho para fazer aquilo gratuitamente. Isso é um grande ato de amor e com ela aprendi muitas coisas entre as quais resiliência, continuar e batalhar não importa o empecilho.

Adayla Barbosa é um caso à parte. Ela dizia para todos que eu era um filho de uma encarnação dela como cigana, que tinha me abandonado num convento de freiras e estava me reencontrando sem que eu tivesse mágoas. Só me chamava de "meu filho". Era com ela que eu me orientava sobre assuntos espirituais. Ela já era aposentada e ficávamos conversando por horas sobre a espiritualidade. Que felicidade tê-la o tempo todo na minha vida.

Assim como duas grandes médiuns, Natalina Rocha dos Santos e Délsia. Ambas eram uma comprovação real de que a mediunidade, quando exercida com responsabilidade, pode mudar o mundo e a vida de muitas pessoas. Tenho uma profunda gratidão por cada uma dessas pessoas que passaram por mim. Sinto o mesmo com relação a minhas irmãs. Elas vêm para o Rio dizendo que alguém precisa cuidar de mim, e eu as vejo pela casa fazendo listas de coisas que precisam comprar ou renovar. Depois vão para rua e começam a substituir as coisas. Isso é um acarinhamento que não tem preço: elas saem de suas casas para virem ver do que o irmão está precisando.

Todas essas pessoas que citei cuidavam de mim e eram presença frequente em todas as minhas estreias. Sempre se apresentavam como minhas mães e todas queriam saber se eu estava me alimentando ou se me faltava alguma coisa. Eu era um menino sozinho no Rio cercado por essas mulheres todas e que eram amigas de mamãe, que conversava com todas elas. Minha mãe sabia que eu estava sob as asas da proteção divina ou entregue nas mãos dessas mulheres. Mesmo hoje, na espiritualidade, as que já desencarnaram continuam cuidando de mim o tempo todo. A gente sabe que um pedido de mãe consegue abrir qualquer porta do mundo espiritual. Elas falam direto com o Criador por serem suas parceiras e estão o tempo todo intercedendo a meu favor. Eu só tenho de colocar os joelhos no chão e dar graças por essa bênção. Sou humildemente grato a todas elas, que nunca me deixaram sentir falta do carinho da família. Acabei não acompanhando meus irmãos se casando, meus sobrinhos e sobrinhas nascendo e também se casando.

Mas essa família me acompanha aqui dentro do peito e faz com que eu me sinta muito mais tranquilo e protegido. Com um monte de gente orando a meu favor, com certeza, esse afeto abre as portas de qualquer plano espiritual.

Eu me esqueci de citar a Lu. A Ray Luíza, esposa do ator Lúcio Mauro. Mãe do Lúcio Mauro Filho, da Luli, da Luana. Também fazia parte desse grupo de mulheres, mas com um adendo especial. Ela estava no meio artístico o tempo todo. Era amiga da esposa do Boni. Uma vez, a Ivani Ribeiro me indicou para uma novela. Fui tratar desse trabalho e precisava falar com o diretor Paulo Ubiratan. Ele tinha uma secretária chamada Vera, muito atenciosa. Ocupado, me deixou plantado durante quatro ou cinco horas esperando. A certa altura, telefonei para a Lu e expliquei a situação. Ela ligou para alguém e logo depois eu fui chamado.

Graças ao carinho dela, muitas pessoas me olharam como artista. Ela foi e ainda é uma mãe querida. Hoje mora do meu lado no Leme.

HOMENS NA MINHA VIDA

O primeiro deles, que se aproximou e se tornou um grande amigo, foi Henrique Oscar, do *Diário de Notícias*. Ele foi um crítico muito importante para as artes cênicas. Me via nos trabalhos da escola e dizia que eu era muito qualificado, empenhado e estudioso. Pedia para eu não aceitar qualquer texto e fazer bem as minhas escolhas. Tudo o que eu era chamado para fazer passava pelo crivo dele, pois eu sempre ia consultar sua opinião. Ele perguntava quanto tinham me oferecido e dizia que me dava o dinheiro, cobrindo a proposta, caso eu não aceitasse, quando sentia que aquele trabalho seria ruim para mim.

Logo em seguida, vem o dr. João Batista. A vida inteira foi meu médico homeopata e sempre dizia: "Enquanto você divulga os assuntos da espiritualidade, estou aqui para te deixar saudável, assim como todos da sua equipe." Até hoje é meu médico.

Destaco ainda o dr. Carlos Eduardo Goulart Brito. Quando cheguei às suas mãos, estava numa fase de transposição, de mudança de trabalho e condições. Precisava me reajustar emocionalmente e colocar algumas coisas no lugar. Faço com ele terapia cognitivo-comportamental. A primeira vez que cheguei ao seu consultório, apresentei as dificuldades e novidades que estavam me aparecendo. Ele dizia que o problema não era mais só meu, e sim nosso. Até hoje mantenho contato com ele, indo no mínimo a cada 15 dias a seu consultório. Sinto como se ele fosse um representante físico dos meus amigos e protetores espirituais, aqueles que trazem soluções que coloco à mesa para crescer e viver melhor. Para ser assertivo, é necessário ter humildade para ouvir quem sabe mais do que você.

Teve um momento no projeto em que eu precisava ampliar minha rede de ação e mapear o Brasil inteiro. Uma querida amiga minha, Michele Campos, era muito amiga do Miguel Dau, que tinha sido presidente da Varig e, naquele momento, era um dos diretores da Azul. Ela marcou comigo um almoço e o convidamos para que assistisse ao meu espetáculo. Em seguida, expliquei para ele a necessidade de me deslocar pelo país, com a minha dramaturgia, a necessidade de transporte aéreo. Ele ligou para a secretária e disse: "Renato vai e volta com a equipe dele quantas vezes quiser, sem pagar passagem, bagagem ou taxa de embarque." Com isso, pude mapear todo o país e trabalhar em cada município do Brasil. Até hoje, ele e a esposa, Jac, são uns queridos. Durante a pandemia, sempre me ligavam para saber se eu precisava de algo. Eles ajudaram muito para que eu pudesse auxiliar minha equipe a passar por esse período e tenho uma gratidão enorme pelo Miguel.

Outro nome dessa lista é Pernambuco de Oliveira, grande cenógrafo, escritor e ex-diretor do Conservatório Nacional de Teatro. Esse foi mais um de suma importância. Ele me via o dia todo na Sala Glauce Rocha ensaiando e procurando evoluir. Com a carreira longeva que tinha e o respeito de toda a classe artística, apoiava-me bastante. Em qualquer lugar, me indicava para produtores e empresários. Existem muitos espetáculos importantes que fiz graças à intervenção desse homem e o carinho dele por mim.

Gostaria de falar de todos os presidentes da Federação Espírita Brasileira, mas vou me limitar a um nome: Nestor Mazzotti. Esse homem me facilitou tudo. Chegou e renovou todas as bases da federação. Em todos os projetos que eu quis realizar, ele foi o meu porta-voz, era quem falava por mim. Até o dia em que retornou ao plano espiritual, sempre me acarinhou muito. Em nome dele, dou meu abraço a todos os outros presidentes que vieram antes ou depois do Nestor.

Para encerrar, é impossível não falar do Chico Xavier e do Divaldo Franco. Sempre, de alguma maneira, eles estiveram aí, apoiando-me, entendendo o que eu ia fazendo. Costumo dizer que o Divaldo é o meu maior divulgador no mundo inteiro. O Chico Xavier tinha aquele afeto ao me olhar e perceber que eu estava no caminho. Com essas bênçãos, fui adiante, confiante. Essa é a minha gratidão a todos os homens na minha vida. Eu homenageio aqui, agora, todas as outras ou outros que, por acaso, não tenha mencionado.

CONSIDERAÇÕES FINAIS

Primeiro gostaria de que todas as pessoas que passaram por mim e me estenderam a mão e me cumprimentaram soubessem que, em todos os minutos da minha vida, sou grato a elas. Graças a elas pude sonhar. Sonhei e elas promoveram a realização do meu sonho. Elas foram lá e pagaram a nota promissória do meu futuro. Eu sonhei em ir, em fazer, em tentar, eu sonhei, sonhei e sonhei, e essas pessoas se juntaram, cada uma dando sua parte e, de grão em grão, me ajudaram a realizar todos os meus sonhos. Todos os dias curvo a cabeça em gratidão a todas essas pessoas.

Agora, estou começando a entrar no terceiro tempo do jogo da vida. O primeiro foi de implantar, conhecer, mostrar para que vim. O segundo foi de grandes realizações baseadas em tudo o que tinha aprendido anteriormente. O terceiro é para fechar com chave de ouro até retornar ao plano espiritual. Gostaria de jamais sair de cima do palco, porque lá é um lugar sagrado. Quando penso nos Deuses do Teatro, costumo dizer que subir no palco é sempre uma forma de fazer para eles um juramento: "Nunca vou sair daqui de cima." O Teatro replica: "Ao longo dos séculos, todos me prometem a mesma coisa e, na primeira oportunidade em que alguém oferece um espaço a mais, viram as costas sem se lembrar da promessa feita. Dou a minha palavra, a todas as pessoas que realmente cumprirem o compromisso que assumiram comigo, que nunca vou soltar a mão delas. Vamos passar dificuldades juntos, vamos sofrer juntos e ter alegrias juntos."

Teatro é isso, amigo. Quando você é fiel a esse empenho, a essa promessa que fez, ela é cumprida em todos os planos pelos deuses das artes, sem soltar da sua mão. Não é fácil. Mas quem disse que seria?

Como acabei construindo uma história diferenciada de praticamente todos os meus colegas, indo para uma linha espírita, em que a minha preocupação é o conteúdo, a palavra, a ideia, a ajuda, a caridade em todos os sentidos, gostaria muito de não sair de cima do palco até o derradeiro momento. Mesmo que eu possa fazer um papel menor. Mas acho difícil que eu vá sair cedo de cena, pois tenho uma genética que ajuda muito. Na minha família, chegamos aos 80/90 anos com os corpos firmes. Eu me cuido muito bem, mas a genética da minha família dos dois lados ajuda muito. Ninguém acredita na idade que tenho porque a genética realmente ajuda. Eu posso estar no palco por muito e muito tempo, com novos espetáculos e surpreendendo o público com algo que possa fazer a vida dele melhor. Se há algo que ouvi ao longo da minha trajetória inteira foram frases do tipo: "Você mudou a minha vida", "Depois de assistir a um espetáculo seu, a minha história mudou", "Depois de ler o livro que indicou, a minha vida tomou um rumo". Isso não tem nada a ver com filosofia, escolha doutrinária, mas com a vontade que tenho de fazer com que o outro viva melhor.

Na vida, há momentos em que você é mestre de muitos alunos. Noutros momentos, você é aluno de muitos mestres. Não mude a ordem natural das coisas. Você vai pagar um preço alto se insistir em mudar essa ordem. A Natureza desenha seu curso.

No caminhar por esse período aqui, eu gostaria de deixar o máximo de conteúdo digital. Gravar todos os espetáculos (alguns já estão gravados), remasterizar, cuidar e disponibilizar para que qualquer pessoa tenha acesso a todo o material para ver e assistir em grupos. Gostaria de ir para o *streaming*, gravar séries, sempre dentro desse conteúdo e fazer mais filmes com outros produtores. Deixar o máximo de conteúdo para os públicos vindouros. Gostaria de continuar com a saúde que tenho, gostaria de aprender mais o que não tive tempo de aprender.

Gostaria de ter tempo de dizer a todas as pessoas "Muito obrigado!". Sou o resultado de um sonho que tive e a espiritualidade que me ajudou a realizar sem me deixar pelo caminho. E foi o público que segurou nas minhas duas mãos e disse: "Você sonha que eu te ajudo."

Você que me está lendo é parte desse público. Obrigado por ter estado comigo até aqui e sigamos juntos por muito mais páginas, peças, orações e aventuras. Obrigado.

E quem disse que seria fácil?

Quem disse que você não venceria?

Ou melhor, quem vai te dizer que vencer é impossível? Meta a cara na vida, sorria para si mesmo sempre que possível, sorria para os outros sempre, sorria para sua espiritualidade, seja ela qual for. Quem tem medo da vida tem medo do dia e da noite. A saída para enfrentar o medo é entender que a vida gosta de quem gosta dela. E eu gosto muito dela. Da que tenho, das que tive, das que terei.

Até breve...

APÊNDICE

UMA ORAÇÃO

Costumo repetir nas minhas *lives*, realizadas todas as segundas-feiras no Instagram (@renatoprietoator), uma profissão de fé, que geralmente leva conforto a legiões de internautas. Legiões que, desde a pandemia, formam uma comunidade comigo, uma verdadeira família de amigos interessados na força do mundo espiritual. Você pode chamar de reza, pode chamar de aforismo, pode chamar de ladainha. Chame como o seu coração quiser. Mas sinta-se convidado a repetir o que vou te dizer, ou, no mínimo, a acolher verbos de ação e de ligação no fundo mais caloroso do seu peito.

É assim:

Seja mais grato pelas oportunidades que a vida te traz todos os dias. Tenho certeza de que, cercado por uma multidão de pessoas vindas dos mais variados cantos do Brasil e do mundo, você pode se deixar tocar pelo Evangelho Segundo o Espiritismo e repetir, na sua cabeça e no seu coração, as palavras: "Eu sou capaz. Tenho gente do meu lado, que está perto de mim como meu protetor, para facilitar a minha vida, para ajudar no meu crescimento e na minha evolução. Tudo o que eu souber e tudo o que eu vier a aprender, um dia, eu vou compartilhar. Esse dia é hoje." Com fé, as frases que você disser hão de abrir seus caminhos.

É assim que eu venho levando esse programa, que surgiu nas redes sociais num momento de grande carência das pessoas à minha volta, durante a fase mais assustadora da covid-19. Pensei em aplicar o que as leituras de Chico Xavier, Divaldo Franco, Kardec e outros mestres me deram, a fim de levar alguma esperança às pessoas. Também vislumbrei a solidão nos duros momentos em que o mundo se fechou num confinamento, mas me apeguei ao que a espiritualidade apresentou pra mim como um lugar de fé, de prosperidade, de resiliência. Nada mais justo, portanto, do que compartilhar essa onda de calor humano, resultante do Alto Conhecimento aprendido com os espíritos amigos, com gente que me conhecia do teatro, do cinema, da TV ou mesmo da minha conexão com a religiosidade.

O resultado desse experimento foi uma carinhosa conexão com amigos virtuais que, no mundo da matéria, hoje demonstram mais coragem para enfrentar a aspereza da vida e as surpresas indesejadas, que, por vezes, nos obrigam a virar a esquina. A fé nos fortalece. A amizade nos aproxima.

Como deu certo com esse grupo, que hoje contabiliza milhares de pessoas, vou repetir a experiência aqui com você, leitor. Orar é uma forma de cantar a melodia do Altíssimo. Rezar é fazer a Eternidade nos reconhecer e nos acolher. Orar é um ato de clemência, de clamor, de amor.

Direção editorial
Daniele Cajueiro

Editora responsável
Janaína Senna

Produção editorial
Adriana Torres
Júlia Ribeiro
Allex Machado

Revisão
Alvanisio Damasceno
Anna Beatriz Seilhe
Mariana Lucena

Diagramação
Douglas K. Watanabe

Este livro foi impresso em 2023,
pela Reproset, para a Agir.